Schilling - Verkaufstraining

Gert Schilling Verlag, Berlin

Schilling, Gert
Verkaufstraining
Der Praxisleitfaden für das beratende Verkaufsgespräch

ISBN 978-3-930816-61-3

0

Inhaltsverzeichnis

Ihr Überblick

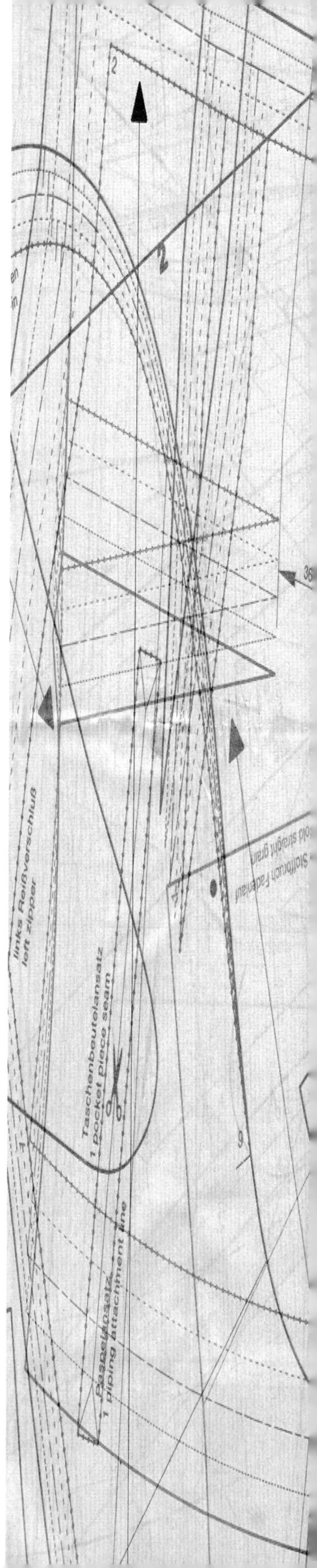

0 Inhaltsverzeichnis

Aufbau des Buches

In Zeiten der Mangelwirtschaft nach dem Krieg waren Verkäuferschulungen so gut wie überflüssig. Es ging nicht darum, irgendetwas zu verkaufen, sondern eher darum, etwas zu bekommen, zu organisieren. In der späteren »Wirtschaftswunderzeit« war das Selbstverständnis des Verkäufers meist davon geprägt, dass er der Fachmann der zu verkaufenden Ware war. In diese Richtung gingen auch die meisten Verkaufsschulungen, die eher Produktschulungen waren. Es ging um Warenkunde, darum, was die zu verkaufende Maschine alles konnte, woraus etwas bestand und wie etwas funktionierte.

Die heutigen Anforderungen an einen Verkäufer gehen weiter. Natürlich muss er sich auch mit dem Produkt oder der Dienstleistung auskennen, die er verkaufen will, aber er ist darüber hinaus auch »Beziehungsmanager« des Kunden. Bezogen auf das Verkaufsgespräch gehört dazu die Fähigkeit, eine angenehme Gesprächsatmosphäre aufzubauen und eine positive Beziehung zum Kunden zu erreichen. Zum Handwerkszeug gehören auch Fragetechnik, wirkungsvolles Präsentieren, gekonnter Umgang mit Kundeneinwänden, überzeugende Preisverhandlung, ein sicherer Abschluss und der Aufbau einer langfristigen Kundenbindung.

Die Kapitel 2 bis 9 sind nach einem Gesprächszyklus aufgebaut, der eingebettet ist in die Verkaufsphilosophie und die Gesprächsvorbereitung. Im Mittelpunkt steht die Schaffung eines angenehmen Gesprächsklimas. Auf der nächsten Seite finden Sie eine Graphik des Zyklus mit dem Verweis auf das entsprechende Kapitel.

- Kapitel 1 Vorwort

Hier finden Sie Hinweise und Hintergründe zum Buchinhalt.

- Kapitel 2 Verkaufsphilosophie

Die »richtige« Einstellung steht wie ein Schirm über dem Verkaufsgespräch. In diesem Kapitel werden die zwei gegensätzlichen Verkaufsphilosophien, Trichter- und Beraterverkauf, beschrieben.

■ Kapitel 3 Vorbereitung
Die Vorbereitung dient als Fundament des erfolgreichen Verkaufsgesprächs.

■ Kapitel 4 Gesprächsklima
Ja, die Sonne sollte scheinen. Wenn Sie eine angenehme Gesprächsatmosphäre schaffen, werden Sie es wesentlich leichter haben, Ihren Kunden bei der Kaufentscheidung zu unterstützen.

■ Kapitel 5 Kundenbedürfnisse
Nur wer durch die richtige Fragetechnik die Bedürfnisse seiner Kunden erfährt, kann optimal beraten.

■ Kapitel 6 Präsentieren
Sinne ansprechen, Nutzen und Vorteile nennen, positiv formulieren, das alles gehört zu einer wirkungsvollen Produktpräsentation.

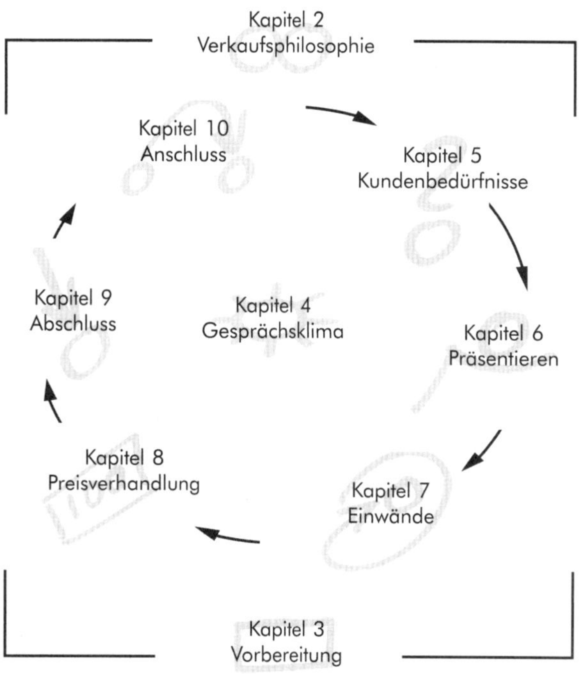

Die Kapitel dieses Buches sind in Anlehnung an den oben abgebildeten Gesprächszyklus aufgebaut.

■ Kapitel 7 Einwände
Was steckt hinter einem Kundeneinwand? Nur wenn Sie das richtig analysieren, können Sie die Bedenken Ihrer Kunden auflösen.

■ Kapitel 8 Preisverhandlung
Wie nennen Sie den Preis in kundenorientierter Form? Wie verhalten Sie sich in Preisverhandlungen? In diesem Kapitel finden Sie dazu Antworten.

■ Kapitel 9 Abschluss
Natürlich wollen Sie als Verkäufer auch einen Abschluss tätigen. Helfen Sie Ihren Kunden bei der Verkaufsentscheidung durch eine gut vorbereitete Abschlusstechnik.

■ Kapitel 10 Anschluss
Mit dem Verkauf ist die Kundenbeziehung hoffentlich nicht zu Ende. Ziel ist eine langfristige Kundenbindung, die allerdings nicht von alleine entsteht. Was Sie dafür tun können, erfahren Sie in diesem Kapitel. Hier schließt sich der Verkaufskreis und beginnt wieder mit einem neuen Verkaufskontakt.

Übersicht über die Dateien

Im Buch finden Sie Verweise auf Formulare, Checklisten und Vorlagen zum Thema zum Verkaufstraining.

Diese Dateien können Sie sich kostenlos im Internet auf der Webseite www.schilling-verlag.de herunterladen.

Dateien zum kostenlosen herunterladen im Internet:

www.schilling-verlag.de

- Datei: Gespraechsklima verbessern.doc - weitere Erläuterungen im Kapitel 4, Gesprächsklima
- Datei: Fragen zur Beduerfnisklaerung.doc - weitere Erläuterungen im Kapitel 5, Kundenbedürfnisse
- Datei: Anschaulich praesentieren.doc - weitere Erläuterungen im Kapitel 6, Präsentieren
- Datei: Gefuehlsebene ansprechen.doc - weitere Erläuterungen im Kapitel 6, Präsentieren
- Datei: Nutzen und Vorteile nennen.doc - weitere Erläuterungen im Kapitel 6, Präsentieren
- Datei: Sinne ansprechen.doc - weitere Erläuterungen im Kapitel 6, Präsentieren

- Datei: Vorbereiten auf Einwaende.doc - weitere Erläuterungen im Kapitel 7, Einwände
- Datei: Einwaende Umdeutungsmethode.doc - weitere Erläuterungen im Kapitel 7, Einwände
- Datei: Preisnennung mit der Sandwichtechnik.doc - weitere Erläuterungen im Kapitel 8, Preisverhandlung
- Datei: Alleinstellungsmerkmal.doc - weitere Erläuterungen im Kapitel 8, Preisverhandlung
- Datei: Doppel P Abschluss.doc - weitere Erläuterungen im Kapitel 9, Abschluss
- Datei: Reaktionsausloeser.doc - weitere Erläuterungen im Kapitel 9, Abschluss
- Datei: Zusatzverkauf.doc - weitere Erläuterungen im Kapitel 9, Abschluss
- Datei: Aufmerksamkeitskontakt.doc - weitere Erläuterungen im Kapitel 10, Anschluss
- Datei: Kundenbetreuung.doc - weitere Erläuterungen im Kapitel 10, Anschluss

1

Vorwort

Bitte nicht lesen!

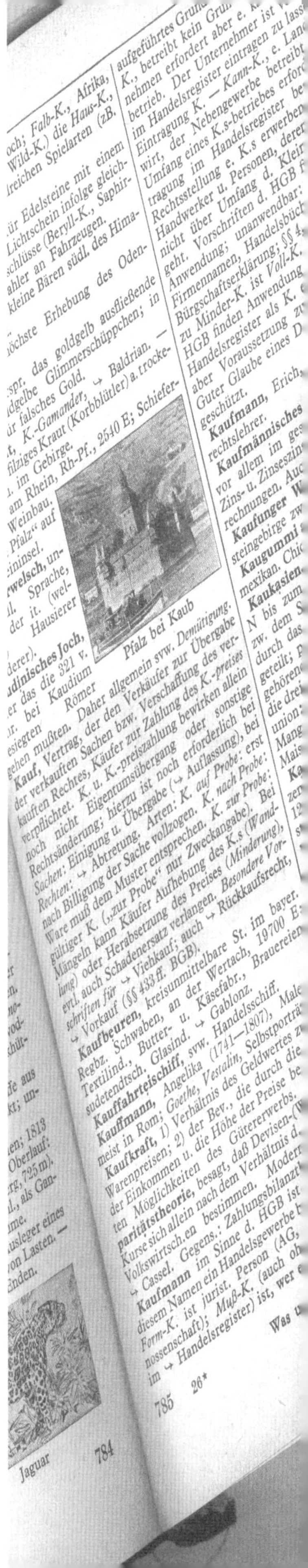

1 Vorwort

Bitte nicht lesen!

Na, Sie lesen doch weiter. Gut, dann kann ich Ihnen auch erzählen, was ich am Anfang loswerden möchte.

Ihr »Buchnutzen«

In diesem Buch erhalten Sie Anregungen für Ihre Verkaufspraxis. Es geht darum, Ihre generelle Einstellung zum Verkaufen zu beleuchten. Wie ist mein Verhältnis zum Kunden? Wie sehe ich den Kunden? Mit welcher Einstellung gehe ich in ein Verkaufsgespräch? Und natürlich auch: Wie sieht möglicherweise der Kunde mich? Mit welcher Einstellung geht er in das Gespräch?

Weiterhin gibt es praktische Hinweise, wie Sie das Verkaufsgespräch für Ihre Kunden und für Sie erfolgreich gestalten können, vom Gesprächseinstieg über die Klärung der Kundenwünsche und -bedürfnisse bis zum erfolgreichen Abschluss und zu einer langfristigen Kundenbeziehung.

Vielleicht haben Sie die eine oder andere Gesprächsmethode und -technik unbewusst schon eingesetzt. Ziel ist, dass Sie in Zukunft bewusster mit Ihrem Kunden kommunizieren können, um ihn bei seiner Kaufentscheidung zu unterstützen.

Machen, machen, machen!

Alles Wissen über schöne Methoden, Fragetechniken und Kommunikationsmodelle nutzt nichts, wenn Sie es nicht einsetzen. Ich empfehle Ihnen, Stück für Stück in kleinen Schritten immer wieder eine Technik bewusst einzusetzen und auszuprobieren. Reflektieren Sie danach die Wirkung und den Erfolg. Ein Huhn sitzt einundzwanzig Tage geduldig auf seinem Ei, bis etwas passiert, und es gibt die

Theorie, dass man etwas einundzwanzigmal tun muss, bis es zur positiven neuen Gewohnheit wird. Ob das eine mit dem anderen etwas zu tun hat, ist fraglich, aber erwarten Sie nicht, dass alles gleich von Anfang an perfekt funktioniert. Viele Verhaltensweisen müssen Sie erst einüben, ehe Sie sicher im Umgang damit sind. Trainieren Sie Schritt für Schritt.

Zum Training gehört auch eine gute Vorbereitung. Auf der Verlagswebseite www.schilling-verlag.de finden Sie Formulare, die Sie anregen sollen, die Verkaufsschritte entsprechend vorzubereiten. Nur wer gut vorbereitet ist, kann in schwierigen Situationen spontan richtig entscheiden.

Die richtige Verkaufstechnik ist alles?

Die drei Fragezeichen sind bewusst gesetzt. Natürlich ist die »Technik« nicht alles. Der Verkäufer, der schematisch seine Verkaufslinie durchzieht, ist nicht mehr zeitgemäß. Im Verkaufsgespräch geht es darum,

Fortsetzung

sensibel, offen und aufmerksam mit dem Gesprächspartner umzugehen und nicht darum, bestimmte Methoden, Verfahrensweisen, Gesprächsschemata oder Techniken stur anzuwenden, also flexibel und einfühlsam auf die jeweilige Situation kundengerecht zu reagieren. Das heißt nicht, dass Sie sich auf ein Verkaufsgespräch nicht vorbereiten sollten. Die wirkungsvolle Präsentation des Angebotes, Reaktion auf Kundeneinwände, Preisverhandlungen oder Abschlusstechniken, auf das alles können und sollen Sie sich gut vorbereiten. In diesem Buch werden bewährte Verkaufstechniken vorgestellt, die Sie flexibel und wirkungsvoll in Ihrer Verkaufspraxis einsetzen können.

Suchen Sie sich aus, was Ihnen gefällt

Das Büffet

Stellen Sie sich die hier vorgestellten Ideen, Methoden und Gedanken zum Thema Verkaufsgespräch wie Leckereien vor, die auf einem Büffet dargeboten werden. Ziel des Buches ist, dass Sie sich anregen lassen und überlegen, was Ihnen schmecken, was in dieser oder jener Situation passen könnte. Nehmen Sie sich etwas, was Ihnen schmeckt oder probieren Sie etwas Neues aus.

Der ideale Verkäufer?

Nicht alles passt zu jedem Typ, zu jeder Verkaufssituation, zu jedem Produkt oder jeder Dienstleistung, nicht alles passt zu Ihrer Persönlichkeit. Bewahren Sie sich Ihre Art und Ihren individuellen Stil. Wichtig ist, dass Sie im Verkaufsgespräch authentisch agieren. Trotzdem können Sie Ihr Gesprächsverhalten verändern, ohne Ihre Natürlichkeit zu verlieren. Hierzu finden Sie im Buch zahlreiche Tipps und Hinweise.

Ich wünsche Ihnen viel Spaß beim Lesen!

2

Verkaufsphilosophie

Von Trichtern und Beratern

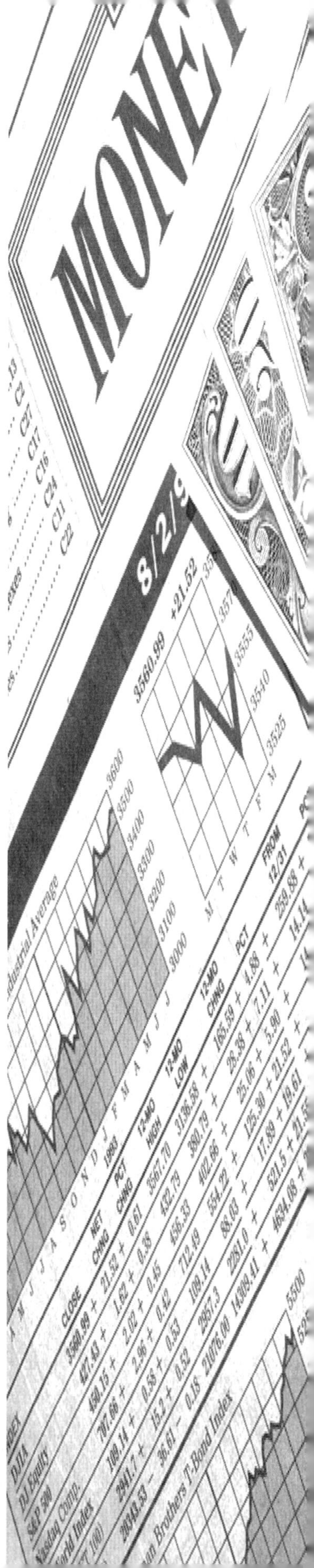

Die richtige Verkaufsphilosophie ist der Schirm über allen Verkaufstechniken

2 Verkaufsphilosophie?

Als Beispiel des guten Verkäufers wird häufig der genannt, der Bewohnern der Polarregion Kühlschränke, dem Ertrinkenden einen Schluck Wasser oder dem Beduinen Sand verkauft. Jeder kennt irgendjemand in seinem Bekanntenkreis, der jedem alles verkaufen kann. Das vermeintliche Naturverkaufstalent. Aber ist er wirklich der »gute« Verkäufer?

Die Frage ist: »Wann sind Sie ein guter Verkäufer?« Dann, wenn Sie Ihren Kunden alles verkaufen können, oder dann, wenn Sie langfristig mit Ihrem Verkauf Erfolg haben.

Häufig erleben die Kunden ein Verkaufsgespräch als Abwehrkampf gegen die »Andrehversuche« des Verkäufers. »Pass auf, der will dir nur etwas verkaufen«, ist vielleicht der gut gemeinte Rat eines Freundes, bevor er Ihnen die Adresse des Gebrauchtwagenhändlers gibt.

Da fast jeder schon einmal eine negative Kauferfahrung gemacht hat, sei es beim Möbel-, Kleidungs- oder Wohnungskauf, ist das Bild des schlitzohrigen Verkäufers fest verankert.

In einem Verkaufsseminar haben die Teilnehmer Assoziationen zu Verkäufern aufgeschrieben. Auf dem Bild können Sie das Ergebnis dieser Sammlung sehen. Leider ist ein nicht allzu positives Bild entstanden.

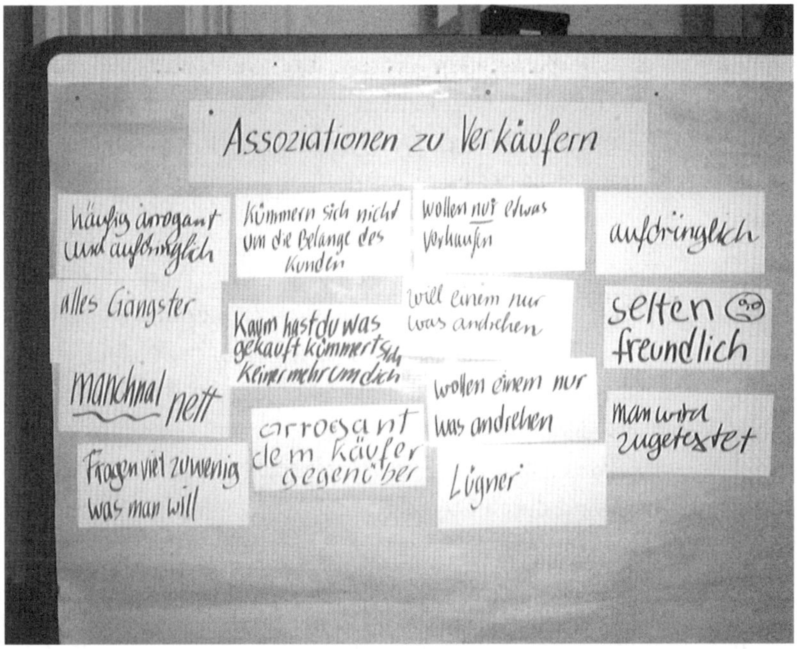

Sammlung von Assoziationen von Seminarteilnehmern zu Verkäufern

Wie kommt dieses Bild zustande? Beim Verkaufen gibt es zwei gegensätzliche Verkaufsphilosophien:

- Trichterverkauf
- Beraterverkauf

Diese beiden Ansätze sind von ihrer Herangehensweise, der Denkeinstellung und dem Menschenbild grundverschieden.

Wie gehen Sie in ein Verkaufsgespräch? Ist der Kunde eher ein Gegner, den es zu besiegen gilt, oder ein Partner, mit dem Sie eine langfristige Verkaufsbeziehung aufbauen? Fühlen Sie sich als Verlierer, wenn Sie dem Kunden nichts verkauft haben, oder analysieren Sie gezielt die Bedürfnisse Ihrer Kunden?

Der Trichterverkauf

Trichterverkauf

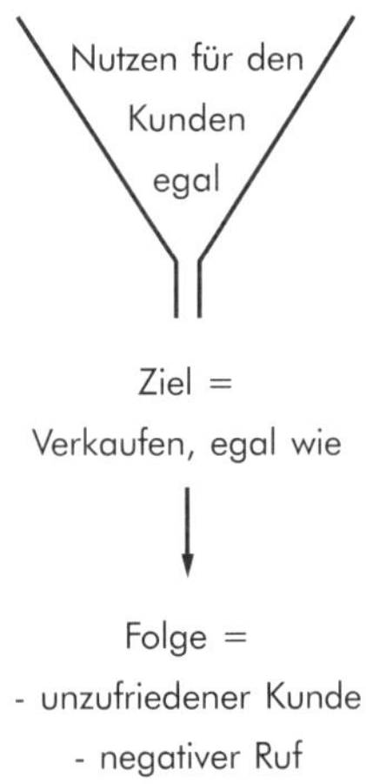

Als negativen Prototyp des Trichterverkäufers haben viele den »Versicherungsvertreter«, den »Gebrauchtwagenhändler« oder den »Staubsaugerverkäufer« im Kopf. An dieser Stelle eine dicke Entschuldigung an alle beratenden Vertreter und Verkäufer. Sie kennen sicherlich auch die oben aufgeführten negativen Assoziationen, mit denen Sie konfrontiert werden. Der typische Trichterverkäufer verkauft dem Kunden, was er verkaufen will, und nicht, was der Kunde braucht.

Der Name Trichterverkauf kommt daher, dass der Verkäufer beim Verkaufsgespräch nur auf einen Punkt zusteuert, nämlich zu verkaufen. Kundenwünsche, Kundenbedürfnisse und Kundenvorstellungen sind ihm ziemlich egal. Das sind die Verkäufer, die immer ein »Ja, aber ...« und »Bedenken Sie doch ...« parat haben, die auf alle Fragen und Zweifel des Kunden ein unwiderlegbares Argument aus dem Ärmel schütteln und durch Suggestivfragen jedes Verkaufsgespräch zum Abschluss bringen.

Häufig kauft der Kunde nur, um der unangenehmen Situation zu entkommen oder weil ihm die Gegenargumente ausgegangen sind. Hinterher merkt er, dass ihm etwas gegen seine Bedürfnisse aufgeschwatzt worden ist.

Beim Trichterverkauf geht es um Sieger und Verlierer. Das Verkaufsgespräch wird als Kampf oder, etwas milder, als Spiel gesehen, aber letztendlich geht es darum, den Kunden zu »besiegen«, ihm unter allen Umständen etwas zu verkaufen, egal wie. Der Kunde wird als Gegner gesehen, der Widerstand leistet und den es zu besiegen gilt.

Aber der »Sieg« des Verkäufers ist kurzfristig. Später merkt der Kunde, dass er »übers Ohr gehauen« und bequatscht worden ist. Sogar wenn er einen objektiv fairen Preis bezahlt hat, fühlt er sich subjektiv betrogen, wenn er etwas erstanden hat, was er gar nicht benötigt.

Was sind die langfristigen Folgen des Trichterverkaufs? Im Kopf des Kunden entsteht das Bild, dass alle Verkäufer Betrüger und Lügner sind, und er wird die entsprechenden Fälle seinen Bekannten und Freunden erzählen. »Negative Multiplikatoren« wird so etwas genannt. Der Verkäufer hat zwar kurzfristig »gewonnen«, aber langfristig verloren. Er hat das Gebiet einmal »abgegrast« und kann sich nicht wieder blikken lassen. »Sie sind doch auch wieder nur so einer, der mir was andrehen will.« Alle ehrlichen, beratenden Verkäufer, die nach ihm kommen, müssen seine »vertrauensvernichtende« Verkaufstaktik büßen und mühsam wieder ein vertrauensvolles Verhältnis zum Kunden aufbauen.

Kennzeichen des Trichterverkaufs sind:

- Die Kundenbedürfnisse sind nebensächlich. Das Ziel ist klar: verkaufen, egal mit welchen Mitteln.
- Verkäufer und Kunde sind Gegner, und der Verkäufer versucht immer die Überhand zu behalten und zu »gewinnen«.
- Wenn der Verkäufer verkauft, ist er der Sieger.
- Der »Verkaufserfolg« ist kurzfristig.
- Langfristig bleibt meist ein schlechter Ruf, insbesondere durch negative Multiplikatoren.

Ein Trichterverkäufer verkauft auch »Birnen« gegen die Bedürfnisse des Kunden.

Beraterverkauf

Beraterverkauf

Dem Beraterverkauf liegt die Einstellung zugrunde, dass der Kunde und der Verkäufer Partner sind. Ziel ist, die Bedürfnisse, Wünsche und Probleme des Kunden zu ermitteln und hierfür Lösungen anzubieten.

Natürlich haben Ihre Kunden Bedürfnisse und kaufen sich auch gerne etwas. Der Kauf dient der Bedürfnisbefriedigung. Beim Beraterverkauf sind beide die Gewinner: Der Kunde erhält etwas, was nach seinen Wünschen ausgerichtet ist, und der Verkäufer kann etwas verkaufen. Und was noch viel wichtiger ist, er erhält einen zufriedenen Kunden und die Chance, den Kunden dauerhaft an sich zu binden.

»Im Moment kann ich Ihnen keine für Sie optimale Lösung bieten.« In der Konsequenz bedeutet dies, dass in einem Verkaufsgespräch auch festgestellt werden kann, dass der Verkäufer die momentanen Bedürfnisse des Kunden nicht erfüllen kann. Hier wäre es falsch, »irgendetwas« zu verkaufen und die Vertrauensbasis zum Kunden zu zerstören. Das wäre sehr kurzfristig gedacht. Der Beraterverkauf ist auf eine längerfristige Kundenbindung ausgelegt.

»Wenn ich mir ein Paar neue Schuhe kaufe, bin ich immer ganz unentschieden. Wenn ich mich dann endlich zum Kauf entschlossen habe, bin ich ganz erleichtert. Am meisten hilft mir, wenn ich jemanden habe, der mich bei der Entscheidung unterstützt, ohne mich zu beeinflussen. Dann habe ich hinterher das gute Gefühl, den richtigen Entschluss gefasst zu haben.« Vielleicht kennen Sie das Gefühl, wie schwierig es ist, sich zu entscheiden, wenn Sie sich etwas Neues kaufen wollen. Sei es das neue Fahrrad, ein Kleidungsstück oder eine Eigentumswohnung. Manchmal kommt man ja bereits in einen Entscheidungskonflikt, wenn man sich für eine Pizza beim Italiener oder für einen Kinofilm entscheiden soll.

Die Aufgabe des Verkaufsberaters ist es, dem Kunden bei seiner Entscheidung zu helfen, mit ihm gemeinsam seine Bedürfnisse zu klären, um ihm dann das optimale Angebot machen zu können.

Die Frage ist nicht, was für den Verkäufer, sondern was für den Kunden das Optimale ist. Das Ziel ist, eine vertrauensvolle Gesprächsatmosphäre ohne Druck zu schaffen. Viele Menschen reagieren berechtigterweise sehr empfindlich, wenn sie das Gefühl haben, manipuliert oder gedrängt zu werden.

Die Grundlage einer langfristigen Kundenbindung ist, dass der Kunde das Empfinden hat, sich frei für oder auch gegen etwas entscheiden zu können. Beim Beraterverkauf geht es nicht darum, dass einer gewinnt und der andere verliert, sondern darum, dass beide gewinnen.

Kennzeichen des Beraterverkaufs sind:

- Die Kundenbedürfnisse werden gemeinsam ermittelt.
- Gleichberechtigte Gesprächspartner führen ein Verkaufsgespräch.
- Der Kauf dient der Bedürfnisbefriedigung des Kunden.
- Da Verkäufer und Kunde gewinnen, spricht man auch vom Double-win-Verkauf.
- Der Beraterverkauf zielt auf eine langfristige Kundenbindung mit positiven Multiplikatoren.

Beim Beraterverkauf gewinnen beide, Käufer und Verkäufer.

Worum geht's in diesem Buch?

Verkaufsphilosophie

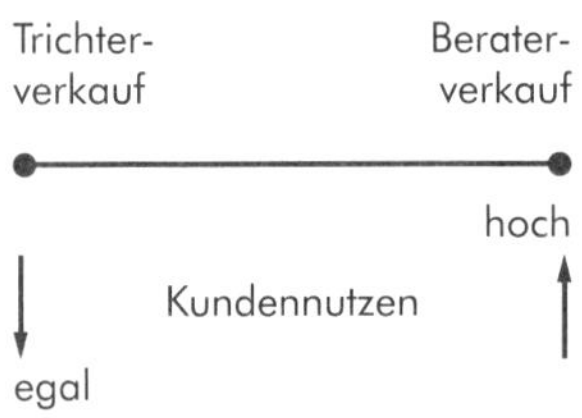

Nach der Darstellung der beiden Verkaufsphilosophien ist es wahrscheinlich nicht schwer zu erkennen, zu welcher Verkaufseinstellung ich tendiere.

Die beiden Einstellungen können Sie sich als Endpunkte einer Skala vorstellen. Es gibt nicht nur entweder/oder, schwarz oder weiß, sondern alle Abstufungen und Grauwerte dazwischen. Der eine Kunde braucht etwas mehr, der andere etwas weniger »Druck« als Entscheidungshilfe. Und natürlich kann Beraterverkauf auch nicht bedeuten, den Kunden »nur« zu beraten.

Kunde: »O.k., vielen Dank für die gute Beratung. Ich nehme das Radio.« Darauf der Verkäufer: »Genau dieses Radio bekommen Sie übrigens auch im Geschäft zwei Straßen weiter. Sie sollten sich das mit der Kaufentscheidung nochmal überlegen. Und schön übrigens, dass ich Sie so umfassend beraten durfte.« Wahrscheinlich fühlte der Kunde sich gut beraten und wollte schon das Radio kaufen. Jetzt aber ist er verunsichert und verlässt den Laden.

Es gibt den Spruch: »Einige Kunden wenden sich ab, wenn sie sich unter Druck gesetzt fühlen, aber andere kaufen nichts, wenn man es ihnen nicht verkauft.« Der ganz entscheidende Unterschied zwischen Trichter- und Beraterverkauf liegt in der Bedürfniserfüllung des Kunden. Auch ein Kunde, dem mit »härteren« Verkaufsmethoden bei einer Kaufentscheidung geholfen wurde, ist ein zufriedener Kunde, wenn er etwas bekommen hat, was seinen Bedürfnissen entspricht.

»Wer ohne Abschluss berät, arbeitet für die Konkurrenz«. Karsten möchte sich eine neue Videokamera kaufen. Im ersten Geschäft trifft er einen freundlichen Verkäufer, der mit ihm nach einem intensiven Beratungsgespräch herausfindet, dass eine etwas teurere Kamera Karstens Bedürfnissen am ehesten entspricht. Eigentlich wollte Karsten etwas weniger Geld ausgeben, ist aber von den Vorzügen des neuen Modells sehr angetan. »Ich kann mich noch nicht so richtig entscheiden, obwohl mir die VX2000 sehr gut gefällt«, äußert er seine Unsicherheit. »Kein Problem, denken Sie noch mal in Ruhe darüber nach«, reagiert der nette Verkäufer. Karsten besucht noch ein weiteres Geschäft. Auch hier wird er gut beraten und die VX2000 stellt sich abermals als ideales Modell heraus. Bei wem wird Karsten jetzt die Kamera kaufen? Geht er nochmals zum ersten Geschäft zurück? Vermutlich nicht.

Ganz klar, als Verkäufer möchten Sie auch verkaufen, aber nicht um jeden Preis und vor allem nicht um den Preis eines schlecht beratenen und unzufriedenen Kunden.

3

Vorbereitung

Das A und O

Die gute Gesprächsvorbereitung ist das Fundament für die weiteren Schritte.

3 Vorbereitung

Vorbereiten, das A und O

Wie in vielen Fällen, ist ein gutes Verkaufsgespräch zu zehn Prozent Inspiration und zu neunzig Prozent Transpiration, das heißt harte Vorbereitungsarbeit. Aber ist nicht jedes Verkaufsgespräch anders? »Da brauch ich mich doch gar nicht vorzubereiten. Jeder Kunde ist anders. Jedes Gespräch läuft anders ab. Es passieren immer Dinge, die ich nicht vorplanen kann.« Hier gilt die Regel: »Je vorbereiteter ich bin, um so spontaner kann ich auf unvorhergesehene Dinge reagieren.« Das klingt vielleicht paradox, ist aber so. Wenn Sie Dinge vorbereiten, können Sie sich in unvorhergesehenen Situationen voll auf das Unerwartete konzentrieren und danach sicher wieder auf vorbereitete »Bausteine« zurückgreifen.

Vorbereiten heißt nicht, sich stur an einen Gesprächsablauf zu klammern und sich durch nichts von der geplanten Gesprächsschiene abbringen zu lassen. Vorbereiten heißt, flexibel mit vorbereiteten Gesprächsbausteinen zu agieren. Das sind vorbereitete Fragen, Anregungen, Beispiele und positive Präsentationselemente. Auch Antworten auf Kundenfragen und Einwände können Sie vorbereiten. Natürlich werden Sie nicht alle Kundenfragen erahnen, aber wenn Sie auf vier Fragen vorbereitet sind, können Sie Ihre spontane Energie auf die fünfte unerwartete Frage konzentrieren. Unvorbereitet müssen Sie auf fünf unerwartete Fragen reagieren.

Eine spezielle Gesprächssituation, auf die Sie sich auch vorbereiten sollten, ist die Terminvereinbarung am Telefon. Auch hier gibt es wichtige Punkte zu beachten, die im weiteren Verlauf des Kapitels erläutert werden.

Mark Twain äußerte einmal: »Als wir das Ziel endgültig aus den Augen verloren hatten, verdoppelten wir unsere Anstrengung«. Ohne klare Zielsetzung fehlt die Motivation, die Erfolgskontrolle und letztlich auch das Erfolgserlebnis. Zur guten Vorbereitung eines Verkaufsgespräches gehört, sich Ziele bewusst zu machen, sich ein fundiertes Produktwissen anzueignen und sich gut über die Kunden zu informieren.

Die wesentlichen Punkte, auf die Sie sich vorbereiten können, sind:

- Typische Gesprächssituationen wie: Kundenbedürfnisse erfragen, positiv präsentieren, Umgang mit Einwänden, Preisnennung und Preisverhandlung, Verkaufsabschluss und Ideen zur langfristigen Kundenbindung
- Sich Ziele setzen und bewusst machen
- Informationen über das Produkt
- Informationen über den Kunden

Vorbereitung

	Gesprächssituationen
+	Ziele bewusst machen
+	Produktinformationen
+	Kundeninformationen
=	gute Vorbereitung

In den nachfolgenden Kapiteln finden Sie Vorbereitungshinweise für spezielle Situationen. Checklisten, Vorbereitungsanregungen und Formularvorschläge finden Sie auf der Verlagswebseite www.schilling-verlag.de.

Gesprächssituationen vorbereiten

Um sich auf den Dialog mit dem Kunden optimal vorzubereiten, ist es sinnvoll, sich die typischen Situationen bewusst zu machen, die in einem Verkaufsgespräch vorkommen.

Es ist schwierig, ein Verkaufsgespräch in einen standardisierten Ablauf zu pressen. Aber ist das überhaupt notwendig oder sinnvoll? Häufig werden sogenannte Gesprächsabläufe oder Gesprächsschienen vorgeschrieben. Ich denke, Sie sollten den Gesprächsverlauf auf die Bedürfnisse Ihres Kunden abstimmen, was nicht heißt, dass Sie unvorbereitet oder unstrukturiert in das Gespräch hineingehen. Auf der nachfolgenden Seite sind die typischen Gesprächssituationen eines Verkaufsgespräches aufgeführt. In dem jeweils angegebenen Kapitel finden Sie ausführliche Hinweise zur Vorbereitung auf die jeweilige Verkaufssituation.

Gesprächssituationen

Die typischen Gesprächssituationen, die in einem Verkaufsgespräch vorkommen können:

- Kundenbedürfnisse erfahren

Bereiten Sie Fragen vor, um die Wünsche, Probleme und Bedürfnisse Ihres Kunden zu erfahren.

- Positiv präsentieren

Bereiten Sie positive Formulierungen, die Vorteile gegenüber dem Mitbewerber, die Nennung des Kundennutzen und anschauliche Beispiele vor.

- Positiver Umgang mit Einwänden

Bereiten Sie sich auf Fragen und Einwände des Kunden vor. Überlegen Sie, was hinter den Einwänden stecken könnte. Planen Sie Antworten und Entscheidungshilfen.

- Preisnennung und Preisverhandlung

Bereiten Sie sich auf die Preisnennung mit der »Sandwich-Technik« vor. Machen Sie sich vorher Ihre Strategie bei der Preisverhandlung bewusst.

- Abschluss

Bereiten Sie sich auf den Abschluss vor, indem Sie sich die Kaufsignale bewusst machen und die Doppel-P-Abschlusstechnik planen.

- Im Anschluss

Bereiten Sie Serviceangebote vor, damit Sie den Kunden auch nach dem Kauf noch begleiten und eine langfristige Kundenbindung aufbauen können.

Gesprächssituationen

Fragen - Kapitel 6
Präsentieren - Kapitel 7
Preisnennung - Kapitel 8
Einwände - Kapitel 9
Abschluss - Kapitel 10
Anschluss - Kapitel 11

Gesprächsablauf

Typischerweise läuft ein Gespräch in den folgenden Phasen ab:

- Kundenbedürfnisse erfragen
- Positiv präsentieren
- Positiver Umgang mit Einwänden
- Preisnennung und Preisverhandlung
- Verkaufsabschluss
- Im Anschluss ergibt sich im Idealfall ein neuer Verkaufskontakt.

Da in vielen Verkaufsgesprächen diese Gesprächsphasen vorkommen und auch meist in dieser Reihenfolge, lohnt es sich, über einen Gesprächsleitfaden nachzudenken.

Kundenkontaktzyklus

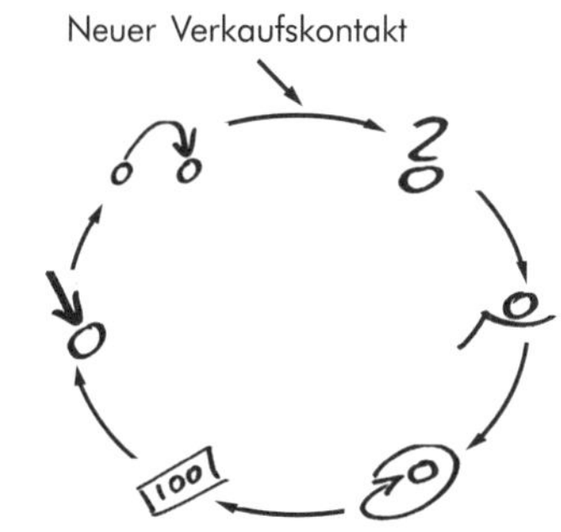

Gesprächsleitfaden

Ist der lineare Gesprächsleitfaden der Weg zu einer idealen Kundenbindung? Natürlich müssen Sie sich nicht stur an diesen Ablauf halten. Je nach Situation können Sie zwischen den einzelnen Phasen wechseln. Wenn sich in der Präsentationsphase herausstellt, dass die Bedürfnisse nicht geklärt wurden, müssen Sie nochmals nachfragen. Sie sollten nicht einfach nach dem Gießkannenprinzip weiterberaten, ohne zu wissen, ob Sie die Bedürfnisse des Kunden erreichen.

Einen Termin verkaufen

Eine Gesprächssituation, die nicht typischerweise zu allen Verkaufsgesprächen gehört, aber auch vorbereitet werden kann, ist die Terminabsprache. Häufig geht es zuerst einmal darum, einen Termin zu bekommen. Beim Erstkontakt mit einem Kunden geht es noch nicht darum, das Produkt, die Dienstleistung oder die Idee zu verkaufen. Sie wollen einen Termin haben, um mit dem Kunden ins Gespräch zu kommen. Der Erstkontakt läuft häufig über das Telefon. Hier ein paar Tipps für diesen Erstkontakt. Legen Sie sich Ihre Unterlagen und Notizzettel bereit. Klären Sie, wer Ihr Ansprechpartner ist. Das lässt sich häufig im Vorfeld über die Zentrale erfragen. Erkundigen Sie sich nach Namen, Funktion und Durchwahl.

Wenn Sie jemanden erreichen, stellt sich der Angerufene vielleicht die Fragen: »Wie kommt der Anrufer auf meinen Namen?« und »Wie kommt er an meine Telefonnummer?« Diese Fragen gilt es gleich in der Anfangsphase des Gespräches zu beantworten. »Sie wurden mir beim Empfang als der Techniker genannt, der sich mit der Trocknungstechnik beschäftigt.« oder »Sie wurden mir auf der Messe als Ansprechpartner empfohlen.« oder über die Empfehlung eines Dritten: »Herr Luchs nannte Ihren Namen im Zusammenhang mit der neuen Baustelle.«

Wenn Sie anrufen, nennen Sie auch kurz den Anlass, damit Ihr Gesprächspartner Sie einordnen kann. Er hat sich wahrscheinlich gerade mit etwas ganz anderem beschäftigt. Erläutern Sie kurz den Nutzen und den Vorteil für den Kunden durch diesen Gesprächstermin. Damit der Kunde sich nicht unter Druck gesetzt fühlt, können Sie auf die Unverbindlichkeit des Gesprächs verweisen.

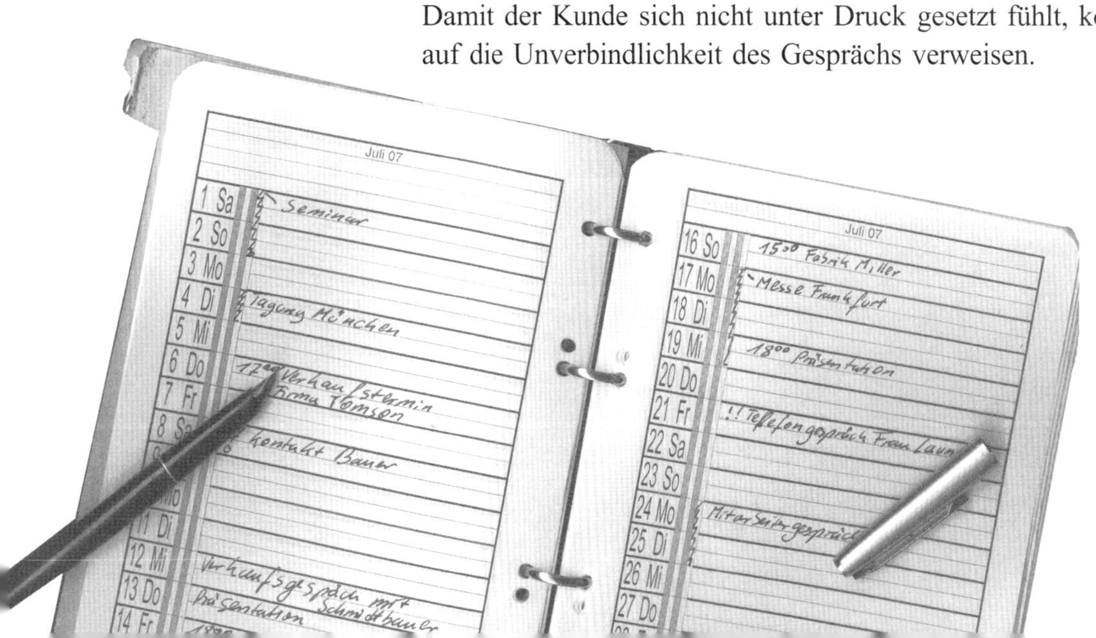

Wenn Sie Ihren Gesprächspartner nicht erreichen und man Ihnen anbietet, dass Sie zurückgerufen werden, versuchen Sie immer in der aktiven Rolle zu bleiben. »Herr Dersen ist gerade nicht da, geben Sie mir doch Ihre Telefonnummer, er wird sich dann bei Ihnen melden.« »Vielen Dank, aber ich bin heute noch unterwegs, können Sie mir einen Tipp geben, wann ich Herrn Dersen am besten erreichen kann?« So können Sie den Zeitpunkt des Telefonates bestimmen und werden nicht vom Rückruf überrascht. Außerdem zeigt die Erfahrung, dass es meist nicht klappt mit dem Rückruf. Wenn Sie in zehn Prozent der Fälle zurückgerufen werden, haben Sie schon eine gute Quote. Also selber aktiv bleiben.

Sich Ziele setzen

Zu einer guten Verkaufsvorbereitung gehört, dass Sie sich vorher bewusst machen, was Sie erreichen wollen: Ihre Zielsetzung. Sie gehen an ein Gespräch ganz anders heran, wenn Sie ein Ziel haben, als wenn Sie nur mal schauen, was so dabei herauskommt. Bei der Zielsetzung unterscheidet man zwischen Minimal- und Maximalziel. Was wollen Sie mindestens erreichen, und was wäre das Idealziel?

Wichtig ist, dass Sie sich Ihr Ziel bewusst machen. Das gelingt am besten, indem Sie Ihre Ziele aufschreiben. Nehmen Sie sich ein Blatt Papier und schreiben Sie vor Ihrem nächsten Verkaufsgespräch auf, was Sie erreichen wollen.

Setzen Sie sich ehrgeizige, aber auch realistische Ziele. Das Ziel muss nicht immer gleich das Verkaufen sein. Oft gibt es Zwischenziele zum Erfolg. Ich will einen Gesprächstermin vereinbaren, Informationsmaterial überreichen, die Adresse oder die Telefonnummer des potenziellen Kunden erfahren oder eine Probefahrt mit dem Kunden machen.

Schreiben Sie Ihre Verkaufsziele auf. So machen Sie sich Ihre Ziele bewusst.

Informationen über das Produkt

»Wozu ist denn der kleine rote Knopf dort?« »Keine Ahnung, muss ich nachschauen, aber wahrscheinlich ohnehin nicht so wichtig« oder »Ich habe zu Hause noch ein altes analoges Telefon, kann ich das mit der neuen Anlage zusammen betreiben?« »Hhhm, wahrscheinlich nicht. Sie sollten sich gleich alles neu kaufen« oder »Wie sind denn die Temperaturen im Mai auf La Palma?« »Na, warm, nehme ich an.«

Als Verkäufer sind Sie der Fachmann oder sollten es jedenfalls sein. Die Produktkenntnis: Sie sollten über das Bescheid wissen, was Sie anbieten, sei es der Staubsauger, das neue Beratungskonzept oder die Urlaubsreise in die Südsee.

Natürlich können Sie nicht alles wissen. Wenn Kundenfragen offen bleiben, heißt es, diese umgehend zu klären. »Den Punkt werde ich mit unserem Laborleiter besprechen und Ihnen dann sofort Bescheid geben.« Lassen Sie die Bereitschaft erkennen, dass Sie sich um den Kunden individuell kümmern. Nach Klärung der offenen Fragen haben Sie einen guten Anlass, den Kunden ein zweites Mal zu kontaktieren.

Informationen über den Kunden

Wenn möglich, versuchen Sie vor dem Verkaufsgespräch Informationen über Ihren Kunden zu erhalten.

- Was sind seine möglichen Bedürfnisse?
- Was seine Probleme?
- Wie haben andere diese Probleme gelöst?
- Welche Interessen liegen in seiner Branche gerade ganz vorne?
- Auf welche Punkte legt er besonders Wert?

Haben Sie Kunden in einem Unternehmen, versuchen Sie Informationen zu sammeln über Größe, Umsatz, Unternehmensphilosophie, Stellung Ihres Ansprechpartners, Entscheidungswege, Entscheidungsträger, Mitbewerber und die Kunden Ihrer Kunden.

Wenn Sie mit Ihren Kunden häufiger Kontakt haben, kann es hilfreich sein, sich eine kleine Kartei über Kundeninformationen anzulegen. Interessante Anknüpfungspunkte sind zum Beispiel:

- Wann hat der Kunde Geburtstag?
- Wohin fährt er gerne in Urlaub?
- Welche Interessen oder Hobbys hat er?
- Wie ist die familäre Situation?

Im Verkaufsgespräch können Sie darauf Bezug nehmen und eine persönliche Beziehung aufbauen.

Sie sollten nicht nur das Produkt, sondern auch Ihren Kunden kennen.

4

Gesprächsklima

Ihr sympathischer Eindruck als Verkäufer bestimmt das Gesprächsklima

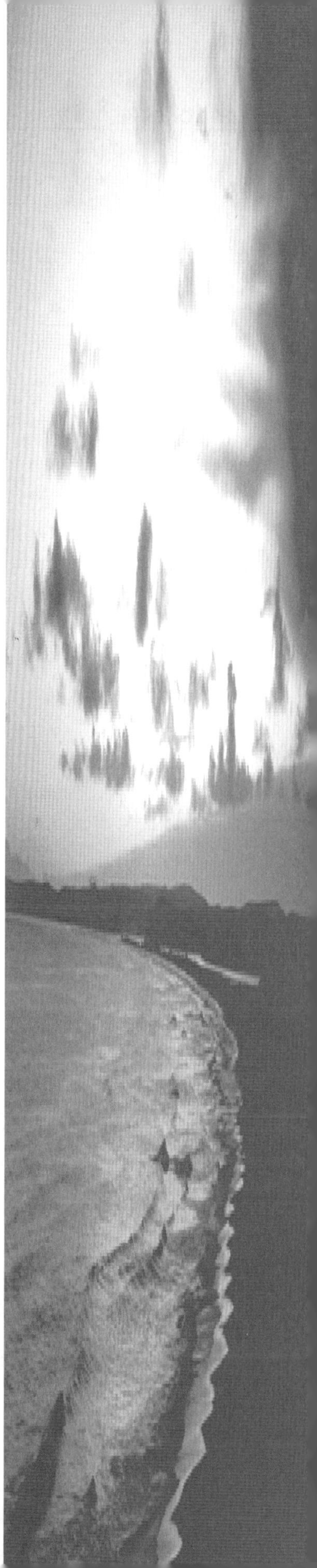

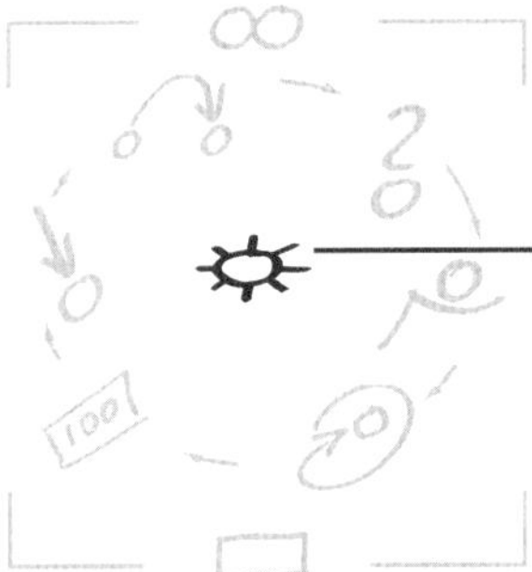

Das gute Gesprächsklima und die Sympathie stehen im Mittelpunkt der Gesprächsphasen.

4 Das Gesprächsklima

»Na, Peter, hast du dir das neue Hemd gekauft, das wir gestern im Schaufenster gesehen haben?« »Nee, ich war heute noch da, bin dann aber bald aus dem Laden raus, der Verkäufer war einfach zu nervig.«

»Sibylle, warum kaufst du eigentlich die Schrauben immer bei dem Eisenwarenladen in der Gerberstraße, der Baumarkt am Poltplatz ist doch viel näher?« »Ach, den Baumarkt kann ich nicht leiden, und der Verkäufer im Eisenwarenladen ist immer total nett.«

Viele Kundenentscheidungen werden nach dem Gefühl gefällt. Und machen wir uns nichts vor, vieles ist davon abhängig, wie sympathisch mich der Kunde findet. Das Gesprächsklima ist häufig kaufentscheidend. Es gibt einen alten Verkäuferspruch: »Man muss sich zuerst selbst verkaufen, dann das Produkt.« Die Kaufentscheidung des Kunden ist wesentlich davon abhängig, was für eine Beziehung der Verkäufer zum Kunden aufbauen konnte. Viele Entscheidungen werden nach der Sympathie für den Verkäufer gefällt.

Sie haben mehr Einfluss auf das »Klima«, als Sie denken.

Bei einer Untersuchung über Entscheidungsfindung von Gruppen in der öffentlichen Verwaltung hat man festgestellt, dass inhaltliche Aspekte die Entscheidung nur am Rande beeinflussten. Wichtiger für die Annahme oder Ablehnung einer Idee war, wer diese präsentiert hatte.

Wirkt diese Gestik auf Sie sympathisch?

»Aber ich habe doch gar keinen Einfluss darauf, ob mich jemand sympathisch findet oder nicht. Entweder er findet mich nett oder eben nicht.« Das ist Quatsch. Wir haben eine Menge Einfluss darauf, ob uns jemand nett, neutral oder furchtbar findet. Drehen wir die Frage doch einfach mal herum: Was kann ich tun, damit mich jemand so richtig unausstehlich findet?

Aha, da fällt uns gleich etwas ein: »Mürrisches Gesicht - kein Blickkontakt - den anderen unterbrechen - nicht beachten - seine Aussagen nicht ernst nehmen oder am besten erst gar nicht zuhören - geschlossene, abweisende Körperhaltung - sich am besten nebenher mit etwas anderem beschäftigen und damit Geringschätzung ausdrücken - überheblich und besserwisserisch auftreten - ...« Uahh, was für ein unsympatischer Mensch.

Genauso, wie wir uns unbeliebt machen können, so haben wir auch eine gehörige Portion Einfluss darauf, wie sympathisch wir wirken. Ganz klar, es gibt immer noch einen Teil, auf den wir keinen Einfluss haben. Aber der Anteil, den wir beeinflussen können, ist größer als wir denken.

Die Grundeinstellung

»Puhh, ist das wieder ein Mist. Diese nervigen Kunden. Und was ich dem wieder für einen Blödsinn andrehen soll. Könnte alles so nett sein, wenn's die Kunden nicht gäbe.« Na, mit dieser Einstellung ist es natürlich sehr schwierig, ein positives Gesprächsklima aufzubauen. Wenn Sie eine positive Einstellung zum Verkaufen, zum Produkt und zum Kunden haben, dann haben Sie es umso leichter, auch sympathisch und freundlich zu wirken. Die innere Einstellung muss stimmen. Nur so können Sie authentisch freundlich sein. Andernfalls wird das Lächeln schnell zum Grinsen, die freundliche Begrüßung zur Anbiederung.

Die Basics

Neben verschiedenen Verkaufstechniken gibt es vier grundlegende Verhaltensweisen und Punkte, die den Verkauf positiv beeinflussen. Sie sind sozusagen das Fundament des guten Verkaufs. Wenn das Fundament nicht stimmt, sind alle weiteren Verkaufstechniken auf Sand gebaut. Das sind:

Vier Säulen eines positiven Gesprächsklimas

Freundlichkeit
Aufmerksamkeit
Anerkennung
Körpersprache

- Freundlichkeit
- Aufmerksamkeit
- Lob und Anerkennung
- Authentische, offene Körpersprache

»Na, logisch!« werden Sie jetzt wahrscheinlich denken. Aber betrachten Sie mal nüchtern eines Ihrer letzten Einkaufserlebnisse. Wurden Sie offen, aufmerksam und freundlich behandelt? Hat der Verkäufer Sie angelächelt, war er Ihnen zugewandt, und hatte er eine offene, unterstützende Körpersprache?

Wenn Sie es als Verkäufer schaffen, diese vier Punkte zu beachten, haben Sie das Gesprächsklima schon zu neunzig Prozent positiv gestaltet. So einfach!

Freundlichkeit

Das ist es überhaupt. Der Kern, das Fundament, die Säule des Verkaufsgesprächs. Viel ist vom Gesprächsklima abhängig. Freundlich und höflich zu sein heißt nicht, sich anzubiedern. Nehmen Sie Ihre Kunden ernst und bringen Sie ihnen Aufmerksamkeit entgegen.

»Ich bin halt kein freundlicher Typ.« Bei der eigenen Entwicklung geht es nicht um »freundlich« oder »unfreundlich«, sondern man bewegt sich auf einer Skala zwischen den beiden Endpunkten. Meine These: Jeder kann sich in Richtung »freundlicher« entwickeln. Die Frage, die Sie sich stellen sollten, ist also nicht, »Bin ich freundlich oder unfreundlich?« sondern »Wie kann ich freundlicher werden?«

Freundlichkeit

Unfreundlich ●———————● Vollkommen Freundlich

→

Die Frage ist: »Was kann ich tun, um noch freundlicher zu sein?«

Stellen Sie sich jemanden vor, der mit grimmiger Miene ohne Blickkontakt mit einem mürrischen »Ja, bitte?« auf Sie zukommt oder jemand, der Sie freundlich und offen anlächelt, Sie anschaut und fragt, wie er Ihnen weiterhelfen kann. Ihre Freundlichkeit können Sie ganz bewusst einsetzen.

Aufmerksamkeit

Aufmerksam für die Bedürfnisse und Probleme des Kunden sein. Kein »ich weiß schon, was der braucht«, sondern eine zugewandte, interessierte Einstellung zu den Fragen und Wünschen des Gesprächspartners.

»Man kann leichter sein Geld teilen als seine Aufmerksamkeit.« Ärgerlich, wenn man das Gefühl hat, dass der Verkäufer nicht zuhört. »Für wie viele Personen sollte nochmal das Büffet sein?« »Wo nochmal wollten Sie die Säge einsetzen?« Und Sie haben es eben gerade erzählt. »Besondere Aufmerksamkeit« zollt man dem Kunden auch, wenn man nebenher in Unterlagen blättert, andere Dinge erledigt und parallel ein Telefonat führt. Wenn man auch noch den Blick abwendet und dem Kunden den Rücken zudreht, hat man endgültig signalisiert, dass keinerlei Interesse an den Belangen des Kunden besteht.

Aufmerksam sein heißt, zugewandt, interessiert und ernsthaft auf die Fragen, Probleme und Bedürfnisse des Kunden einzugehen. Diese Aufmerksamkeit kann sich in der Körpersprache durch eine offene

Haltung und Gestik zeigen. Dazu gehört auch, dass Sie den Kunden ehrlich, authentisch und fair behandeln. Normalerweise lässt die Aufmerksamkeit schon nach 45 Sekunden nach. Versuchen Sie während des ganzen Gesprächs, aufmerksam gegenüber Ihrem Kunden zu sein.

Sind Sie Ihrem Kunden gegenüber freundlich, offen und aufmerksam, haben Sie schon zu 80% für ein positives Gesprächsklima gesorgt. Jetzt können Sie an den Feinheiten feilen. Aber nochmal: Das Ganze funktioniert nur, wenn Sie Ihren Kunden als Partner sehen und nicht als Gegner in irgendeinem Spiel.

Lob und Anerkennung

»Ich finde, es spricht sehr für Ihr kompetentes Urteilsvermögen, dass Sie sich für dieses Buch entschieden haben.« Na ja, ein wenig plump, oder? Trotzdem, Loben ist ein sehr einfacher und sehr wirkungsvoller Mechanismus, das Gesprächs- und Kontaktklima zu verbessern. Normalerweise werden wir im Laufe des Tages viel zu wenig gelobt. Sie sind als Verkäufer noch sympathischer, wenn Sie Ihrem Kunden mit Anerkennung und wohl dosiertem Lob begegnen. Loben heißt nicht, sich »einzuschleimen« und jeden Kunden mit einem standardisierten »Sie sehen aber heute gut aus« zu begegnen, ohne ihn auch nur angeschaut zu haben. Verfallen Sie dabei nicht in Schmeicheleien. In der Regel haben Ihre Kunden eine feine Antenne dafür.

Positive Formulierungen, die Anerkennung und Lob verbinden, sind z.B.: »Das ist ein interessanter Gedanke!«, »Vielen Dank für die interessante Information, aus diesem Gespräch habe ich viel gelernt«, »Danke für den Hinweis«. Mit Sätzen wie »Das ist ganz wichtig, was Sie da sagen«, »Da bin ich voll Ihrer Meinung« oder einfach »Stimmt, richtig ...«, »Ja, genau ...« geben Sie eine positive Bestätigung, die sich in einer Verbesserung des Gesprächsklimas auswirken wird.

Eine weitere Form, mit der Sie Ihrem Kunden Anerkennung und Bestätigung geben können, ist, ihn um Rat zu fragen. In der Regel fühlt sich unser Ego geschmeichelt, wenn uns jemand nach unserer Meinung fragt oder wenn wir bei einem Problem behilflich sein können, indem wir mit unserer Erfahrung glänzen. Natürlich sollten Sie keine Fragen stellen, die zu Ihrem Produktwissen gehören. Damit der Kunde nicht denkt: »Der hat ja keine Ahnung. Da kenne ich mich ja mit dem Produkt besser aus, und der will mich beraten können?« Mögliche Fragefelder sind das Fachgebiet des Kunden oder Fragen nach Problemlösungen angrenzender Sachgebiete. »Ich habe gesehen, dass bei Ihnen in der Firma beim Laden der Lkws mit verschiedenfarbigen Markierungen gearbeitet wird. Was für ein spezielles System steckt eigentlich dahinter?«

Loben Sie authentisch, ehrlich und offen. Was heißt das? Machen Sie es sich zur Gewohnheit, bewusst auf Dinge zu achten, die Ihnen bei Ihrem Kunden positiv auffallen, und sprechen Sie diese aus. Wie oft kommt es vor, dass uns etwas gefällt oder dass uns etwas positiv auffällt. Die ansprechende Einrichtung, die nette Begrüßung am Empfang, der interessant gestaltete Firmenprospekt, das fundierte Fachwissen des Kunden, die wohl überlegte Entscheidung oder das analytische Denken des Kunden. Nehmen Sie solche positiven Auffälligkeiten nicht einfach still zur Kenntnis, sondern sagen Sie es Ihrem Kunden. Auch Kundenfragen können Sie für ein Lob nutzen. »Hat dieses Modell auch schon die neuen Gerberpunkte?« »Ah, ich sehe, Sie sind genau informiert.«

Das Lob können Sie noch verstärken, wenn Sie eine interessierte Frage anschließen. »Ihr Firmenprospekt ist ja sehr interessant gestaltet, wo haben Sie das machen lassen?« oder »Bei Ihnen wird man ja immer sehr freundlich begrüßt, wie motivieren Sie Ihre Mitarbeiter eigentlich so positiv?«

Wichtig ist, dass Ihr Interesse ehrlich und aufrichtig ist. Aufmerksamkeit, Interesse, Lob und Anerkennung für Dinge, auf die der Kunde wahrscheinlich sehr stolz ist, sind ein Turbo-Gesprächsklima-Verbesserer. Wie ein Fenster, das Sie öffnen, um frische Luft in das stickige Verkaufsklima zu bringen.

Die Körpersprache

Kommunikation

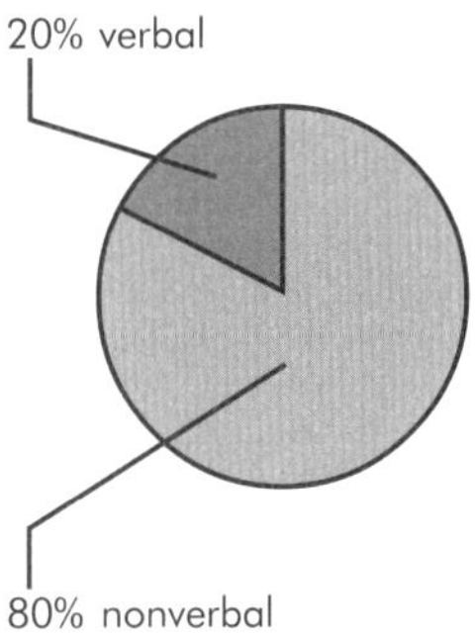

Es gibt eine These, nach der bis zu 80% der Kommunikation auf der nonverbalen Ebene abläuft. Das heißt, neben den verbalen Informationen übermitteln Sie während des Verkaufsgesprächs auch körpersprachliche Informationen. Nonverbale Signale werden zum großen Teil unbewusst empfangen und gesendet. Vielleicht kennen Sie die Situation, dass Ihnen etwas verbal mitgeteilt wurde, aber irgendwie hatten Sie ein ungutes Gefühl dabei, es kamen noch andere Informationen bei Ihnen an. Dann wurden wahrscheinlich auf der nonverbalen Ebene andere Informationen gesendet als auf der verbalen. Wir sind dann durch die unterschiedlichen Eindrücke der Nachrichtenübermittlung irritiert. »Die Botschaft hör ich wohl, allein mir fehlt der Glaube.« Da viele nonverbale Signale unbewusst gesendet und empfangen werden, ist es sehr wichtig, dass Sie als Verkäufer ehrlich und authentisch sind.

Es gibt die These, dass Sie als Verkäufer nur »wirklich« erfolgreich sein können, wenn Sie von dem, was Sie anbieten und verkaufen, auch selbst überzeugt sind. Wobei hier »wirklich erfolgreich« weiter gefasst ist als in reinen Verkaufszahlen. Hier spielen auch langfristige Kundenbindung, positive Multiplikatoren auf Kundenseite und natürlich die eigene Lebens- und Verkaufszufriedenheit eine Rolle.

Mit körpersprachlichen Elementen können Sie sehr leicht und erfolgreich die Gesprächsatmosphäre positiv beeinflussen. Die wesentlichen körpersprachlichen Signale, die Sie beim Verkaufen beachten sollten, sind: Blickkontakt - Gestik - Haltung - Mimik. Durch eine authentische Körpersprache wirken Sie offener, lebendiger und überzeugender. Sie können den Kunden im wahrsten Sinne des Wortes auf etwas hinweisen, indem Sie mit der Hand darauf zeigen, Sie können etwas hochhalten, damit der Kunde den Blick nach oben richtet oder mit einem einfachem mimischem Signal - dem Lächeln - Offenheit und Freundlichkeit signalisieren.

Blickkontakt

Bettina spricht mit dem Verkäufer im Schraubengeschäft. »Aber was macht der denn?« fragt sie sich, als der Blick des Verkäufers mal gegen die Decke, mal nach hinten zum Schraubenregal geht, während Bettina ihm zu erklären versucht, welche Sorten Schrauben sie benötigt. Irgenwie fühlt sie sich nicht richtig wahrgenommen. Berechtigterweise! Nach einer Weile reicht es ihr. Sie verabschiedet sich, denn es gibt noch einen anderen Schraubenladen um die Ecke.

Schauen Sie Ihren Gesprächspartner offen an. Das ist die einfachste und wirkungsvollste Möglichkeit, Aufmerksamkeit zu signalisieren. Blickkontakt zu halten heißt nicht jemanden anzustarren, sondern durch den Blick im Gespräch den Kontakt zum Kunden zu wahren.

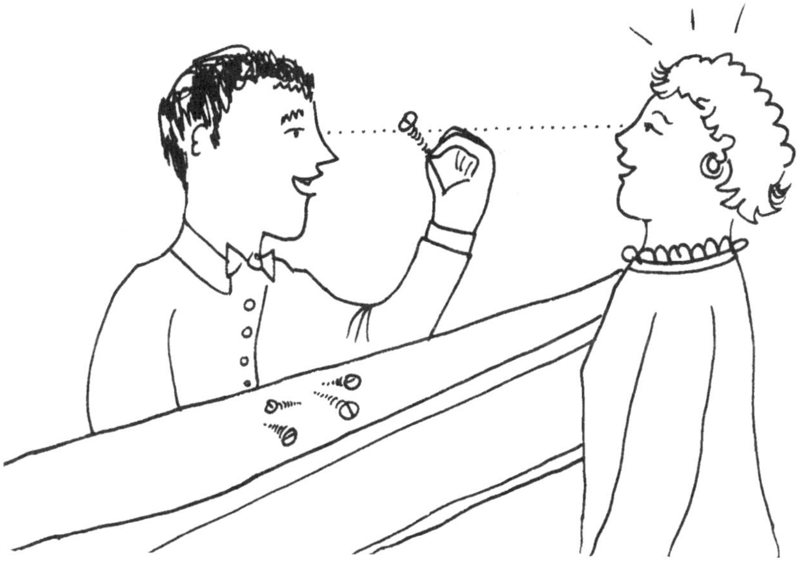

Halten Sie während des Verkaufsgesprächs Blickkontakt mit Ihrem Kunden.

Wenn Sie mehrere Gesprächspartner haben, dann verteilen Sie Ihren Blickkontakt möglichst »gleichmäßig«. Lassen Sie niemanden außen vor. Vielleicht ist gerade der stillere, zurückhaltende aus der Gruppe der Entscheidungsträger. Auch wenn nur einer aus der Gruppe die Fragen stellt, schauen Sie beim Beantworten oder bei Erklärungen alle Kunden »gleichermaßen« an.

Haltung

Ihre Körperhaltung sollte Ihrer inneren Haltung entsprechen. Das heißt: gerade, aufrecht und offen stehen. Was Sie vermeiden sollten, sind sogenannte Kreuzsignale wie das Verschränken der Arme oder das Kreuzen der Beine, wenn Sie stehen. Wenden Sie sich stattdessen Ihren Kunden mit einer offenen Körperhaltung zu. Auch wenn Sie gemeinsam an einem Tisch sitzen, sollten Sie das Verschränken der Arme vermeiden.

»Wie setze ich mich zusammen mit dem Kunden an einen Tisch?« Versuchen Sie, eine Position zu vermeiden, in der Sie dem Kunden frontal gegenübersitzen. Bevorzugen Sie die Position über Eck. So können Sie gemeinsam mit dem Kunden eine Zeichnung anschauen oder eine Modellrechnung durchführen.

Gestik

Unterstützen Sie das Gesagte durch eine stimmige Gestik. Es gibt keine falsche oder richtige Gestik, es gibt nur Gestik, die zu dem passt, was Sie sagen oder eben nicht. Grundsätzlich gilt, dass Gestik erst ab Hüfthöhe positiv wirkt. Wenn Sie Ihrem Kunden gegenüberstehen, rudern Sie nicht nur bei hängenden Armen mit den Händen herum, sondern beugen Sie die Arme nach oben und unterstützen Sie so Ihre verbalen Botschaften.

Handflächen nach oben oder leicht nach innen gelten als positive Signale, Handflächen nach vorne als abwehrende, Handflächen nach unten als dämpfende oder negative Gestik. Stellen Sie sich den Satz »Das sollten Sie unbedingt einmal ausprobieren« mit einer Gestik nach vorne gerichteter Handflächen vor. Oder den Satz »Davon sollten Sie Abstand nehmen« mit einer offenen Handbewegung auf den Körper zu. Da stimmt etwas nicht. Zur Offenheit gehört eben auch eine offene Körpersprache.

Wenn Sie während des Verkaufsgesprächs Produkte zeigen, können Sie die Gestik unterstützend einsetzen. Wollen Sie dem Kunden einen neuen Skischuh präsentieren, halten Sie den Schuh nicht unterhalb der Hüfthöhe, sondern fast schon in Schulterhöhe. Und halten Sie ihn nicht nur kurz hoch nach dem Motto »Das wollte ich Ihnen mal kurz zeigen» und zack wieder weg, sondern zeigen Sie ihn solange, wie Sie zu diesem Produkt etwas erläutern wollen. Mit der anderen Hand können Sie auch auf Details hinweisen.

Mimik

Während es bei Haltung, Gestik und Blickkontakt noch relativ leicht ist, bewusst Einfluss zu nehmen, wird es bei der Mimik recht schwer. Mimische Signale werden zum großen Teil unbewusst gesendet und empfangen. Aber es gibt ein mimisches Signal, welches auf der ganzen Welt eindeutig entschlüsselt wird, und das ist das freundliche, offene Lächeln. Und so schwer ist ein Lächeln gar nicht. Für ein Lächeln bewegen Sie nur dreizehn Muskeln, um grimmig die Stirn zu runzeln, brauchen Sie achtundfünfzig. Boris Becker würde jetzt wohl sagen: »Die mentale Einstellung muss stimmen.« Nur ein ehrliches Lächeln wird ein offenes Lächeln. Wenn Sie sich auf die Kundengespräche freuen und den Kunden als Partner sehen, fällt Ihnen das Lächeln nicht schwer. Das Lächeln hat immer eine positive Wirkung, und zwar nach beiden Seiten. Auf den Kunden und auf Sie als Verkäufer. Es gibt eine Wechselwirkung zwischen bewusster Mimik und emotionaler Haltung, das heißt, der bewusste Einsatz des Lächelns wirkt nicht nur positiv auf Ihren Gesprächspartner, sondern auch positiv auf Ihre Stimmung und Einstellung.

5

Kundenbedürfnisse

Fragen, Fragen, Fragen und nochmals Fragen

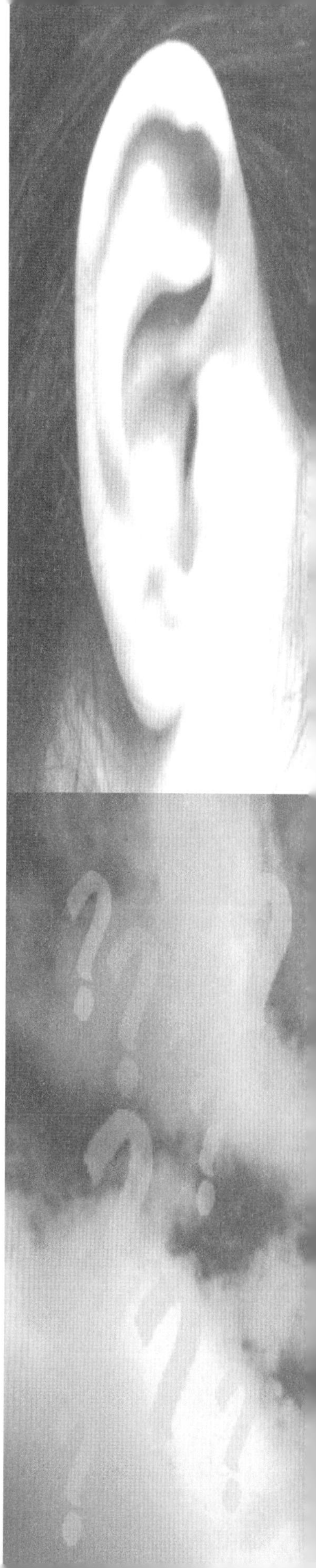

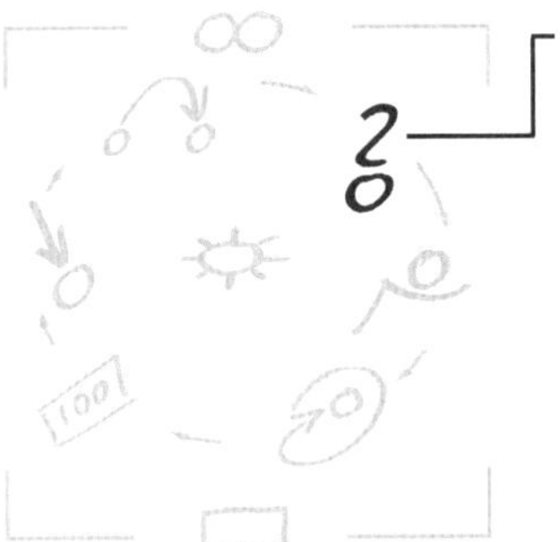

5 Kundenbedürfnisse erfragen

Die Erfragung der Kundenbedürfnisse ist der erste Schritte zu einem kundenorientierten Verkaufsgespräch.

Klaus betritt das Reisebüro »Sonnenflug«. Aha, da vorne ist ein Berater frei. »Was kann ich für Sie tun?« eröffnet Ralph, der Berater, das Gespräch. »Ich wollte über Ostern verreisen und ...« »Alles klar, da habe ich was ganz Tolles für Sie. Hier unser Angebot: zwei Wochen Ferienclub Moby Dick. Für nur ...« »Ich wollte eigentlich ...« »Aha, ich seh schon, das ist nichts für Sie. So wie Sie aussehen, stehen Sie eher auf Kultur. Stimmt's?« Klaus schüttelt den Kopf. »Klar, Sie haben recht, Kultur ist eh' nur langweilig«, fährt Ralph fort, »Aktion muss her, kann ich gut verstehen. Ich mach da am liebsten Eis-Canyon-rafting. Da hab ich was für Sie. Eine Woche Osterrafting in Kanada. Das ist es jetzt aber?« »Ich dachte eher an ...«, na, vielleicht an eine Verkäuferschulung für Ralph.

Gesprächsanteile

Zugegeben, das Beispiel ist vielleicht etwas übertrieben, aber viele denken, gutes Verkaufen bedeutet Reden. Dabei kommt es beim Verkaufen eher darauf an zuzuhören und die richtigen Fragen zu stellen. Im Verkaufsgespräch ist es daher wichtig, auf Empfangen und nicht auf Senden zu stellen. Fragen und Zuhören sind die Schlüssel.

Gesprächsanteile

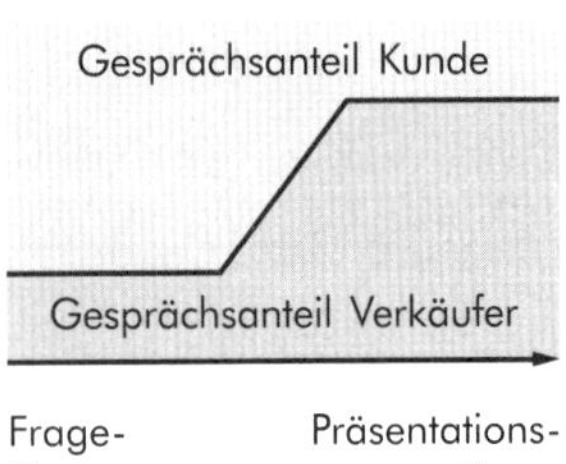

Es gibt die Regel: »Es ist nie jemand unsympatisch, der mehr zuhört als selbst erzählt.« In der Regel verschieben sich die Gesprächsanteile im Laufe des Verkaufsgesprächs. Das muss nicht so sein, denn jedes Verkaufsgespräch ist anders, trotzdem entsteht häufig eine Verteilung der Gesprächsanteile, wie sie die nebenstehende Graphik zeigt. In der Fragephase ist der Anteil des Kunden größer. Der Verkäufer erhält Informationen. Sind die Bedürfnisse des Kunden klar, kann ein Angebot präsentiert werden.

Warum Fragen?

Warum ist Fragenstellen ein so wichtiger Bestandteil des Verkaufsgesprächs? Auf der einen Seite gibt es das Produkt, das Sie anbieten mit all seinen Produktmerkmalen, auf der anderen Seite steht die Interessenlage des Kunden.

Kunden kaufen Problemlösungen

Der Kunde will nicht nur ein Produkt, sondern hat ein Problem zu lösen oder ein Bedürfnis zu befriedigen. Ich kaufe die Milch nicht der Milch wegen, sondern weil ich Durst habe und sie mir schmeckt, das Auto nicht des Autos wegen, sondern um mobil zu sein, oder vielleicht auch, um damit anzugeben. Erst wenn die Bedürfnisse und die Interessenlage bekannt sind, können Sie den für den Kunden interessanten Nutzen des Produktes nennen. Logisch, doch überlegen Sie einmal, in welchem Verkaufsgespräch Sie das letzte Mal nach Ihrer Interessenlage befragt worden sind?

Kirsten möchte sich einen neuen Laserdrucker kaufen. Ihr Interesse gilt einem schnellen, leisen und betriebskostengünstigen Drucker. Am Ende des Verkaufsgesprächs weiß sie alles über die Mehrplatzfähigkeit - braucht sie nicht, sie hat einen Einzelplatzrechner - und Formulardruckfertigkeiten des Druckers - braucht sie auch nicht. »Ja, ich weiß ja nicht, wieviel Sie im Monat drucken ...«, »Vielleicht haben Sie ja auch ein PC-Netzwerk, dann können Sie ...«, »Wenn Sie viele Formulare benötigen, dann leistet dieser Drucker ...« Solche Schüsse ins Blaue haben in einem Verkaufsgespräch nichts zu suchen. Den Satzanfang »Ich weiß ja nicht, ob Sie ...« sollten Sie komplett aus Ihrem Verkaufsgespräch streichen. Achten Sie mal darauf, wie oft er Ihnen begegnet. Warum fragt der Verkäufer nicht einfach: »Wieviel drucken Sie im Monat?«, »Wie sieht Ihre bisherige PC-Umgebung aus?«, »Wofür wollen Sie den Drucker hauptsächlich einsetzen?« Jetzt erhält er die Informationen und braucht nicht aufs Geratewohl zu präsentieren.

Aber, das passiert doch nicht, werden Sie sagen. Achten Sie demnächst einmal darauf, wie viel Sie in einem Verkaufsgespräch gefragt und wie viel Sie »zugetextet« werden. Und überlegen Sie auch, ob Sie in Ihren Verkaufsgesprächen fragen oder den von Ihnen gut vorbereiteten Präsentationstext erzählen. »Na ja, der Kunde will ja nicht ausgefragt werden, sondern etwas hören.« Nein, beim Beraterverkauf ist das Ziel, zuerst die Kundenbedürfnisse zu erfahren, um dann den Kunden optimal beraten und informieren zu können.

Was will und was braucht der Kunde?

Versuchen Sie auch zu unterscheiden zwischen »Was will der Kunde?« und »Was braucht der Kunde?«, das müssen nicht zwangsläufig dieselben Dinge sein. Der Kunde »denkt«, dass er etwas Bestimmtes will, was er gar nicht benötigt. Wenn ihm das bewusst ist, ist das völlig o.k. Haben Sie nicht auch schon einmal etwas gekauft, bei dem sich hinterher die Unbrauchbarkeit herausgestellt hat? Der Haken war zu klein dimensioniert, der Kleber nicht für Kunststoff geeignet oder das Urlaubshotel für ein gutes Après-Ski zu ruhig gelegen. »Der Verkäufer hätte mich ja ruhig mal fragen können, wozu ich das brauche«, ist Ihnen da vielleicht durch den Kopf geschossen.

Problemorientiert fragen

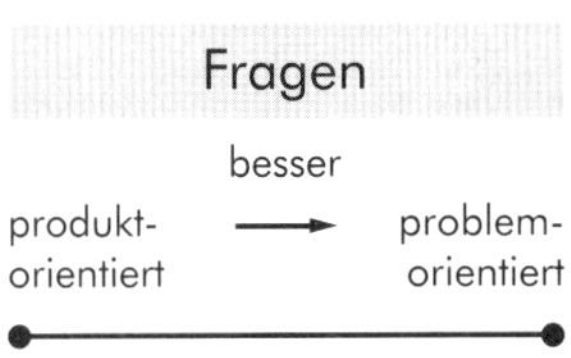

Um einen Kunden optimal beraten zu können und ihm bei seiner Entscheidung zu helfen, müssen Sie durch Fragen seine Probleme, Interessen- oder Bedürfnislage klären. Deshalb sollten die Fragen, die Sie stellen, immer problemorientiert und nicht produktorientiert sein. Nicht »Wie groß soll der Haken sein?«, sondern »Was wollen Sie befestigen?«, nicht »Welchen Kleber brauchen Sie?«, sondern »Was wollen Sie verbinden?«, nicht »Wohin soll der Urlaub gehen?«, sondern »Was wollen Sie dort erleben?« oder »Wo hat es Ihnen schon mal besonders gut gefallen?«

Der Verkäuferspruch lautet: »Es ist einfacher, einem Kunden zu verkaufen, was er will, als ihn von dem zu überzeugen, was man ihm anbietet.« Und das, was er will, erfahre ich nur durch Fragen.

Fragen heißt nicht »Ausfragen«. Der Kunde soll sich nicht verhört oder ausgequetscht fühlen. Eine Möglichkeit ist, die Fragen mit einer Begründung einzuleiten: »Um Sie optimal beraten zu können, würde ich Ihnen gerne zunächst ein paar Fragen stellen«, »Damit wir das Richtige für Sie finden, bräuchte ich einige Informationen.«

Mit einem einleitenden Satz können Sie den Kunden auf die Fragen vorbereiten: »Zuerst sollten wir ein paar grundlegende Punkte klären«, »Ich würde mir gerne erst ein Bild von dem Kontext machen.« Wenn Sie dabei den Kunden anschauen, bekommen Sie meist durch ein Kopfnicken das O.K.

Kundenorientiert präsentieren

Das Tolle an der ganzen Geschichte ist: wenn Sie die Bedürfnisse des Kunden kennen, können Sie gezielt und kundenorientiert Ihr Produkt präsentieren. Angenommen, es gibt zehn positive Produktmerkmale, aber nur drei sind für den Kunden wirklich interessant. Jetzt können Sie alle zehn präsentieren und den Kunden mit den sieben, die ihn nicht interessieren, langweilen. Aber haben Sie die Interessenlage erfragt, dann können Sie sich genau auf die Vorteile konzentrieren, die für den Kunden wichtig sind.

Bedürfnisse erfragen

Durch Fragen erfahren Sie, welche Angebotsvorteile Ihren Kunden besonders interessieren.

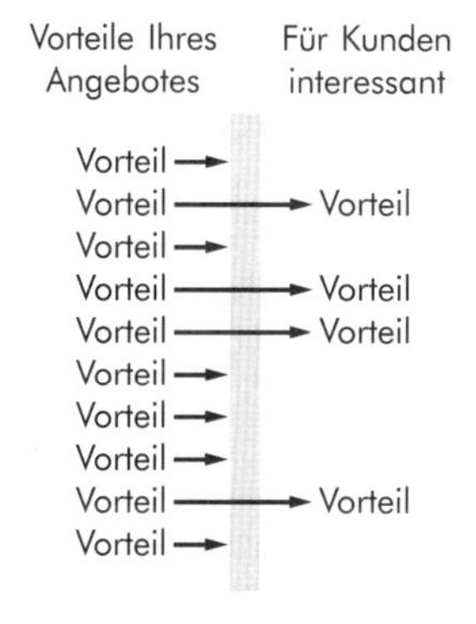

»Ich weiß schon, was der Kunde will«

Häufig höre ich in meinen Seminaren den Einwand: »Ich weiß doch schon, was der will, da muss ich doch nicht fragen.« Mit »der« ist übrigens der Kunde gemeint. Ja, weiß man wirklich, was »der« will? Und was ist, wenn man danebenliegt? Auch, wenn sich nach dem

Gespräch herausstellt: »Das habe ich als erfahrener Verkäufer schon vorher gewusst, dass es darauf hinausläuft«, ist die Klärung der Kundenwünsche durch Fragen wichtig. Sie geben dem Kunden das Gefühl, dass Sie ihn und seine Probleme ernst nehmen.

»Ich weiss schon, was Sie wollen.«

Häufig ergibt sich über das Gespräch eine neue Perspektive auf das Problem, gerade auch für den Kunden. Sie kennen sicherlich den Effekt, dass Sie sich Dinge erst bewusst machen, wenn Sie danach gefragt werden. Durch Fragen helfen Sie dem Kunden, einen Blick für seine Interessenlage zu entwickeln, und können ihm anschließend ein gutes Angebot unterbreiten.

Vorteile des Fragens

Das Fragen im Verkaufsgespräch hat noch weitere Vorteile. Nicht umsonst heißt es »Wer fragt, der führt«. Wer fragt, führt das Gespräch. Ziel ist aber nicht, den Kunden dahin zu führen, wohin er gar nicht will, sondern dem Kunden zu helfen, eine Entscheidung zu fällen. Wenn Sie fragen, haben Sie die aktive Rolle im Gespräch. Das heißt nicht, dass Sie um diese Fragerolle »kämpfen« sollten.

Wenn der Kunde Fragen zum Angebot stellt, um so besser. Kundenfragen signalisieren Interesse. Sehen Sie Kundenfragen immer positiv, auch wenn sie Ihnen aus Ihrer Sicht unverständlich oder überflüssig vorkommen. Beantworten Sie die Fragen des Kunden freundlich. Durch Rückfragen können Sie zusätzliche Informationen erhalten.

Kundenfrage: »Wie viel verbraucht denn diese Gefrierkombination an Strom?« »Ist ein niedriger Stromverbrauch ein wichtiger Punkt für Sie?« »Ja, das ist mir besonders wichtig.« Und schon haben Sie eine wichtige Information über die Bedürfnisse Ihres Kunden.

Marianne hat sich vor einiger Zeit einen kleinen Partyservice aufgebaut. Durch Anzeigen in der örtlichen Zeitung bekommt sie oft telefonische Anfragen mit der Bitte um ein Angebot. Um beim ersten Telefonkontakt alle Informationen zu

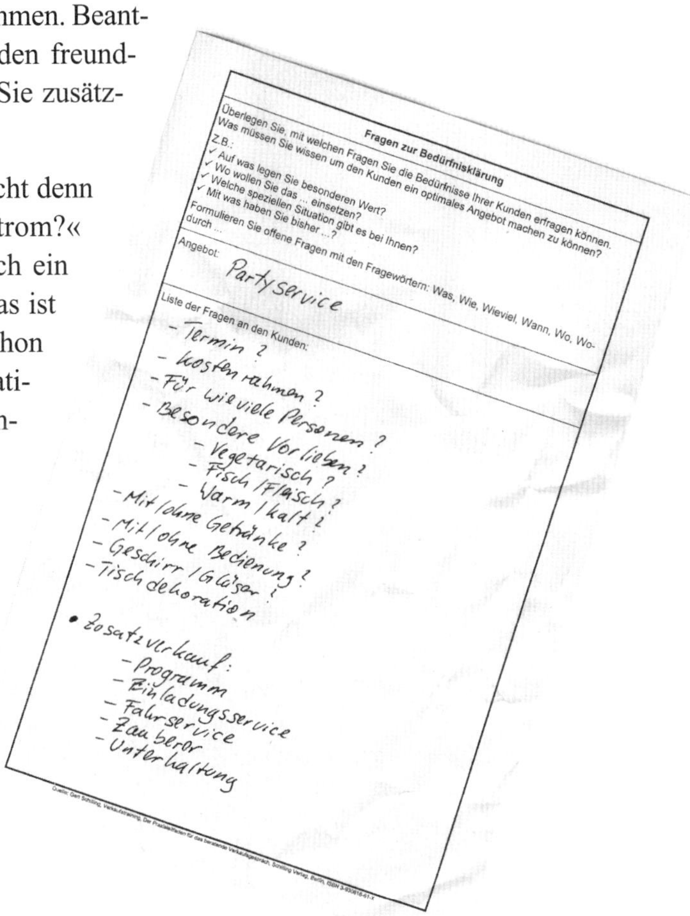

Fragen zur Bedürfnisklärung

Überlegen Sie, mit welchen Fragen Sie die Bedürfnisse Ihrer Kunden erfragen können.
Was müssen Sie wissen um den Kunden ein optimales Angebot machen zu können?
Z.B.:
✓ Auf was legen Sie besonderen Wert?
✓ Wo wollen Sie das ... einsetzen?
✓ Welche speziellen Situation gibt es bei Ihnen?
✓ Mit was haben Sie bisher ...?
Formulieren Sie offene Fragen mit den Fragewörtern: Was, Wie, Wieviel, Wann, Wo, Wodurch ...

Angebot: Partyservice

Liste der Fragen an den Kunden:
- Termin?
- Kostenrahmen?
- Für wieviele Personen?
- Besondere Vorlieben?
  - Vegetarisch?
  - Fisch/Fleisch?
  - Warm/kalt?
- Mit/ohne Getränke?
- Mit/ohne Bedienung?
- Geschirr/Gläser?
- Tischdekoration

• Zosatzverkauf:
  - Programm
  - Einladungsservice
  - Fahrservice
  - Zauberer
  - Unterhaltung

Quelle: Gert Schilling, Verkaufstraining. Der Praxisleitfaden für das beratende Verkaufsgespräch, Schilling Verlag, Berlin, ISBN 3-930816-61-X erhalten, die sie für ein kundengerechtes Angebot benötigt, hat sie sich eine kleine Checkliste gemacht. Jetzt kann sie die Punkte als Frageleitfaden für das erste Kundentelefonat nutzen.

Außerdem hat sie sich angewöhnt, ihre Kunden zu fragen, ob sie sich schon Gedanken über Programm oder Heimfahrservice gemacht haben. Denn sie hat die Erfahrung gemacht, dass die meisten Kunden diese Anregungen dankbar aufnehmen. Ihr Freund Bernd verdient sein Geld als Partyzauberer. Auch ihm konnte sie so schon manchen Auftrag vermitteln.

Mit Hilfe der Checkliste denkt sie an alle Punkte und kann sich voll auf das Gespräch mit dem Kunden konzentrieren. Bei Veränderungen oder Ergänzungen hält sie ihre Liste stets auf dem aktuellsten Stand.

Beantworten Sie alle Kundenfragen freundlich, mit einem offenen Lächeln.

Die Vorteile des Fragens im Verkaufsgespräch:

- Sie erhalten Informationen über die Bedürfnisse, Wünsche und Probleme Ihres Kunden.
- Sie können für Ihren Kunden zielgerichtet das Richtige anbieten.
- Sie vermitteln dem Kunden, dass Sie sich für seine Probleme interessieren. Er fühlt sich ernst genommen.
- Sie helfen dem Kunden, sich seine Bedürfnisse bewusst zu machen und eine Entscheidung zu fällen.
- Sie gestalten das Gespräch aktiv mit.
- Sie haben die Gesprächsinitiative.
- Sie haben selber Zeit zum Nachdenken und Strukturieren.

Frageformen

Um die genannten Vorteile des Fragens im Verkaufsgespräch auch wirkungsvoll einzusetzen, ist es hilfreich, sich ein wenig mit den verschiedenen Frageformen zu beschäftigen. Die klassischen Frageformen sind:

- Offene Fragen
- Geschlossene Fragen
- Suggestivfragen
- Alternativfragen

Offene Fragen

W - Fragen

»Wo wollen Sie das neue Gerät einsetzen?«, »Wie gehen Sie normalerweise bei der Fleckenbeseitigung vor?«, »Was sind für Sie wichtige Punkte bei einer Flugreise?« Offene Fragen sind die sogenannten W-Fragen, die mit den Fragewörtern »Was«, »Wie«, »Wo«,

»Wann«, »Wie viel«, »Warum« oder »Weshalb« beginnen. Offene Fragen sind die beste Möglichkeit für Sie, die Bedürfnisse Ihrer Kunden zu erfragen.

»Was« und »Wie« sind der Beginn der klassischen Informationsfragen, mit denen Sie den Kunden zu einer ausführlichen Erklärung anregen.

Bei »Wo-«, »Wann-« und »Wieviel-Fragen« erhalten Sie meist kurze und präzise Informationen. »Im Büro«, »Am besten Mittwoch Vormittag« oder »Zwei Tonnen.«

»Warum« oder »Weshalb« sind auf der einen Seite sehr intensive Fragewörter, auf der anderen aber auch etwas kritisch zu betrachten. Zum einen kann es den Kunden wirklich anregen, bestimmte Gründe oder Verhaltensweisen kritisch zu reflektieren und Ihnen die Sicht auf die Problemfelder des Kunden zu öffnen. Hier kommt es stark auf die Betonung und Ihre ganze Körpersprache an. Äußern Sie die »Warum-Frage« in einem offenen, interessierten Ton. Vielleicht sogar verbunden mit erstauntem Gesichtsausdruck. Kunde: »Ach, wir setzen nie Seifenlauge zur Reinigung der Maschinen ein.« Jetzt haben Sie mit einer erstaunten »Warum-Frage« die Chance, die wirklichen Gründe der Ablehnung zu erfahren. »Warum-Fragen« sind auch eine gute Möglichkeit, mit Einwänden umzugehen. Mehr dazu im Kapitel 7.

Auf der anderen Seite fühlen sich manche Menschen durch »Warum-Fragen« unter Rechtfertigungsdruck gesetzt. Sie verlangen dadurch von Ihrem Kunden, eine Position zu beziehen, von der er dann sehr schwer wieder abrücken kann, ohne »sein Gesicht zu verlieren«.

Geschlossene Fragen

Ja ← oder → Nein

Fragen, die mit »Ja« oder »Nein« beantwortet werden können, nennt man geschlossene Fragen. Der typische Einsatz von geschlossenen Fragen im Verkaufsgespräch sind Situationen, in denen Sie rückfragen oder Dinge konkretisieren. »Der Drehkopf reißt immer bei 2000 Umdrehungen ab?« »Es ist also wichtig, dass der Leim wasserfest ist?«

Bei den geschlossenen Fragen gibt es den Effekt des Kunden-Ja. Ein »Nein« als Kundenantwort verschlechtert oft das Gesprächsklima, denn es ist mehr als ein Wort mit vier Buchstaben. Es löst beim Kunden eine innere Abwehr aus. Bei einem »Ja« wird diese Abwehr nicht ausgelöst, und Ihr Kunde befindet sich in einer zustimmenden, entgegenkommenden und bejahenden Grundhaltung. Wenn Sie geschlossene Fragen stellen, versuchen Sie, »Jas« zu sammeln und »Neins« zu vermeiden. Durch die offenen Fragen haben Sie eine Vorstellung von den Bedürfnissen Ihres Kunden gewonnen. Wenn Sie jetzt Sachverhalte konkretisieren, versuchen Sie, die Fragen so zu formulieren, dass der Kunde wahrscheinlich mit »Ja« antworten kann. Sie werden feststellen, dass Sie so ein positives Gesprächsklima erhalten.

Suggestivfragen

Antwort → in eine bestimmte Richtung

In Verkaufsschulungen wird manchmal vorgeschlagen, den Kunden mit Suggestivfragen in eine bestimmte Richtung zu lenken. »Sie sind doch sicherlich der Meinung, dass ...«. Plumpe Suggestivfragen werden vom Kunden meist erkannt, und er ärgert sich über die Manipulation. Auch kann der Effekt entstehen, dass sich der Kunde unter Druck gesetzt fühlt, da er spürt, dass er manipuliert wird. Das ist keine gute Grundlage für ein vertrauensvolles Verkaufsgespräch.

Aber in sparsamer Form und wohl dosiert können Sie die eine oder andere Suggestivfrage in das Gespräch einbauen. Die Suggestivfragen können Ihnen helfen, Behauptungen in Fragen einzukleiden. »Denken Sie nicht auch, dass sich ein höherer Anschaffungspreis rechtfertigt, wenn er sich nach einem halben Jahr durch niedrigen Verbrauch und geringe Wartungskosten amortisiert hat?« »Meinen Sie nicht auch, dass das neue System mit den bisherigen Programmen kompatibel sein sollte?«

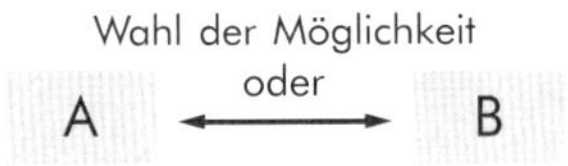

Alternativfragen

In einem Fahrradladen steht Frauke vor einer Entscheidung. Zwei Fahrräder befinden sich in der engeren Wahl. »Was spricht Sie jetzt spontan mehr an, das rote Fahrrad mit der Federung, welches wir uns vorhin angeschaut haben, oder dieses mit den integrierten Satteltaschen?«

Um dem Kunden Entscheidungen zu erleichtern, können Sie auch Alternativfragen stellen. Das heißt, Sie bieten zwei oder mehrere Möglichkeiten zur Auswahl an.

Wichtig ist, dass Sie durch die Alternativfragen nicht einschränkend auf den Gesprächsverlauf einwirken und dadurch für den Kunden passendere Lösungen übersehen. Erst wenn sich durch offene Fragen alternative Möglichkeiten ergeben, können Sie dem Kunden durch eine fragende Auflistung der erarbeiteten Möglichkeiten die Entscheidung erleichtern.

Zuhören

Im Baumarkt spricht Maria den Verkäufer Herrn Holzer an der Beratertheke an. Nachdem dieser sie mit dem Satz »Ja, um was geht's denn?« aufgefordert hat, ihr Anliegen vorzubringen, versucht Maria, dem Verkäufer zu erklären, was für ein Scharnier sie für ihre Schranktür benötigt. Herr Holzer blättert nebenher in einem Katalog und tippt in seinen Taschenrechner. Plötzlich blickt er auf: »Ähh, was haben Sie eben gesagt, ich hab' nicht genau zugehört.«

Klar, zum Fragen gehört auch das Zuhören. Und hören Sie wirklich zu. Wie oft denkt man an etwas anderes, wenn der Gesprächspartner antwortet, oder man überlegt schon die nächste Frage, ohne auf die Antwort zu hören. Signalisieren Sie dem Kunden, dass Sie ihm zuhören. Wie können Sie das machen?

Wichtig sind Blickkontakt und eine dem Kunden zugewandte Körperhaltung. Nicken Sie und erwidern Sie ein paar Mal: »mmm«, »ja« oder sagen Sie »ja, interessant«, »klingt gut«. Damit zeigen Sie Interesse und motivieren den Gesprächspartner zum Weitersprechen. Nur so erhalten Sie die Informationen, die Sie für eine erfolgreiche Beratung benötigen.

Aktives Zuhören

Unter aktivem Zuhören versteht man das Wiederholen der Kundenaussage mit eigenen Worten in Frageform. »Habe ich Sie richtig verstanden, dass es Ihnen besonders wichtig ist, dass die Wohnung an einer ruhigen Straße liegt und einen Südbalkon hat? Eine Badewanne wäre wünschenswert, aber kein Muss?« Wenn Sie nicht ganz sicher sind, ob Sie den Kunden richtig verstanden haben, können Sie das in die Frage integrieren: »Ich bin mir nicht ganz sicher, ob ich Sie richtig verstanden habe, dass es Ihnen hauptsächlich um einen geräumigen Kofferraum und eine Klimaanlage geht?« Jetzt ergeben sich zwei mögliche Situationen: Entweder Sie haben genau die Bedürfnisse des Kunden erfasst - »Ja, genau, das sind die wichtigen Punkte« - oder Sie haben etwas vergessen oder falsch verstanden. »Klar, das ist mir wichtig, aber außerdem sollte der Benzinverbrauch nicht zu hoch sein«. In beiden Fällen erhalten Sie wichtige Informationen. Im ersten Fall haben Sie die Bedürfnisse erfasst und können eine kundenorientierte Lösung bieten, im zweiten Fall ist es umso wichtiger, dass Sie gefragt haben, denn jetzt haben Sie neue Informationen erhalten, ohne die Sie Ihrem Kunden das Produkt nicht optimal hätten vorstellen können.

Es überrascht festzustellen, wie oft man meint, Dinge erfasst oder verstanden zu haben, obwohl sie ganz anders gemeint waren oder Informationen unvollständig beim Gesprächspartner angekommen sind. Wenn Sie wollen, können Sie einen Versuch in Ihrem privaten Umfeld machen und im nächsten Gespräch das aktive Zuhören trainieren. Sie werden erstaunt sein, wie oft Sie Ergänzungen und Verbesserungen zu Aussagen erhalten, bei denen Sie der festen Überzeugung waren, dass sie richtig und vollständig bei Ihnen angekommen sind.

6

Präsentieren

Ihr Angebot positiv präsentieren

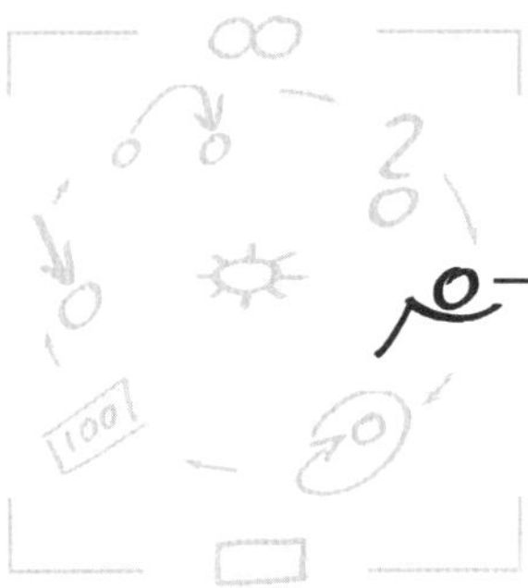

6 Präsentieren

Eine positive Präsentation des Angebots erleichtert dem Kunden die Kaufentscheidung.

Wenn Sie sich ein Bild von den Wünschen und Bedürfnissen Ihres Kunden gemacht haben, - und noch mal, es ist wichtig, dass Sie sich dafür ausreichend Zeit und Aufmerksamkeit nehmen - kann es daran gehen, dem Kunden ein Angebot zu machen. Das heißt, das Produkt, die Dienstleistung oder was immer Sie anbieten wollen, dem Kunden vorzustellen. Dafür heißt es, lebendig, bildhaft, anschaulich, überzeugend, positiv und vor allem kundenorientiert zu präsentieren. Drei Punkte gehören dazu:

- Gefühlsebene ansprechen
- Nutzen und Vorteile nennen
- Anschaulich präsentieren

Gefühlsebene ansprechen

Andreas will sich ein neues Fahrrad kaufen. Der Verkäufer berät ihn. Zum Schluss stehen zwei Räder zur engeren Auswahl: ein rotes und ein graues. Verkäufer: »Schau' mal hier bei dem grauen Rad. Die Bremsen und die Gangschaltung. Eins-A-Qualität. Und hier ist der Sattel auch besser. Der Rahmen ist gut verschweißt. Hast du dich schon für ein Rad entschieden?« Andreas: »Ich nehme das rote.« Der Verkäufer ist erstaunt, denn er hat gedacht, dass er Andreas von den Vorzügen des grauen Rades überzeugt hat.

Auch bei dem Beispiel von Herrn Schröder sind Gefühle ausschlaggebend für die Entscheidung. »Na, Herr Schröder, geht's zum Verkaufsgespräch zum Abteilungsleiter?« »Ja, ich werde ihn vom Produkt Alpha überzeugen. Alle Argumente sprechen dafür.« 30 Minuten später: »Ah, Herr Schröder. Wie ist Ihr Verkaufsgespräch gelaufen?« »Ach, lassen Sie mich in Ruhe!« »Was hat der Abteilungsleiter denn gesagt?« »Er sagte, das wäre ja alles sehr schön, aber ihm gefiele die Sache nicht. Er hätte dabei einfach ein ungutes Gefühl.«

Mit den Verkaufsargumenten scheint das nicht so einfach zu sein. Sie wollen bei einer Entscheidung helfen und haben alle Sachargumente auf Ihrer Seite. Aber entschieden wird trotzdem anders. Entscheidungen werden oft nach Sympathie und Antipathie, nach Neigungen und Abneigungen, Vorlieben, momentanen Stimmungslagen oder Launen getroffen. Nun werden Sie kaum jemanden erleben, der sagt: »Na ja, für die Anschaffung der neuen Verpackungsmaschine der Firma Tütenmaier habe ich mich einfach nach Gefühl entschieden. Die Argumente sprachen zwar für die Firma Kartonfritz, meine Stimmung war aber nach Tütenmaier.« Sondern er wird sagen: »Viele Dinge sprachen zwar für die Kartonmaschine, aber die gewichtigeren Argumente für die Tüte. Deshalb musste ganz klar die Firma Tütenmaier den Auftrag bekommen.« Viele Entscheidungen werden mit dem Gefühl getroffen und anschließend mit dem Verstand begründet.

Sprechen Sie in Ihrem Verkaufsgespräch nicht nur die Sachebene, sondern auch die Gefühlsebene an. Versuchen Sie auch, gefühlsmäßig zu überzeugen.

Man spricht hier auch von dem Verstand/Gefühl-Eisbergmodell. 7/8 unter Wasser und 1/8 über Wasser. Übersehen Sie nicht die 7/8 Gefühl unter Wasser, sonst gehen Sie mit Ihrer Überzeugungspräsentation baden. Betonen Sie also nicht nur die sach-, sondern auch die gefühlsbezogenen Kundenbedürfnisse.

Für den Urlaub in einem bestimmen Hotel gibt es zahlreiche Sachargumente: »Der Strand ist dreihundert Meter entfernt. Das Zimmer hat einen Balkon.« Aber erst das Ansprechen der Gefühlsebene bringt

Sinne und Gefühlsebene ansprechen.

die Entscheidung. »Abends können Sie noch einen Spaziergang am Strand machen. Sie laufen barfuß über den weichen Sand und lassen sich das Meer um die Knöchel spülen. Oder Sie sitzen auf dem Balkon, beobachten den herrlichen Sonnenuntergang und lassen sich einen fruchtigen Cocktail bringen.« Na, Lust bekommen?

Sie müssen nicht nur den Verstand, sondern auch die Gefühle Ihrer Kunden ansprechen. Am einfachsten gelingt das über das Ansprechen der Sinne. Beschreiben Sie, wie sich etwas anfühlt, riecht oder schmeckt. Wenn Sie etwas zum Riechen, Schmecken, Schauen, Fühlen haben, dann muss es her und befühlt, gekostet und beschnuppert werden.

Die Gefühlsebene sprechen Sie aber auch mit Schlüsselwörtern wie »Erfolg«, »Sicherheit«, »Bequemlichkeit« »Komfort« oder »Freude« an.

Nutzen und Vorteile nennen

Napoleon hat einmal knapp formuliert: »Egoismus und Eigennutz bestimmen das Handeln des Menschen!« Etwas milder formuliert könnte man auch sagen: »Was Ihrem Kunden nichts nutzt, interessiert ihn auch nicht!« Berechtigterweise. Sie müssen etwas präsentieren, was Ihrem Kunden nutzt, dann wecken Sie auch sein Interesse. Gehen Sie nicht davon aus, dass das, was Sie interessant finden, auch für Ihre Kunden interessant ist.

Bei der Präsentation eines neuen Medikamentes interessieren keine langatmigen Erklärungen der chemischen Prozesse, sondern: »Welche Wirkung ist zu erzielen?« »Was kann ich damit machen?« »Was nutzt es mir?«

Wenn Sie die Bedürfnisse Ihres Kunden durch Fragen erfahren haben, fällt es Ihnen umso leichter, den Nutzen und die Vorteile für den Kunden herauszustellen. Oft begehen Verkäufer den Fehler, dass sie nur Produktmerkmale oder Kennzeichen, vielleicht auch Besonderheiten aufzählen, aber den Nutzen für den Kunden vergessen. Die Übersetzung der Merkmale in Nutzen scheint so selbstverständlich. Ware allein ist aber nie ein Kaufgrund. Es kommt immer auf die Nutzenvorstellung an, auf die »Was-habe-ich-davon-Vorstellung«, die Sie als Verkäufer vermitteln müssen. Kunden kaufen nicht Dinge, Sie kaufen Vorteile, Nutzen, Bedürfnisbefriedigung und Problemlösungen.

Das Auto hat ein ABS-System. Gut, aber was ist der Nutzen für mich? Der Joghurt hat rechtsdrehende Milchsäure. Gut, aber was bedeutet das für mich? Der Computer hat eine große Festplatte. Klingt gut, aber was habe ich davon?

Es gibt einen »Zaubersatz«, der Sie »zwingt«, die Vorteile und den Nutzen für Ihre Kunden zu nennen. Dieser Satz lautet: »Das bedeutet für Sie, ...«. Wenn Sie in Ihrem Verkaufsgespräch einen Satz mit diesen Worten beginnen, nennen Sie automatisch auch die Vorteile für Ihre Kunden.

»Diese Kaffeemaschine hat eine Zeitschaltuhr«, wäre die Sachinformation, das Produktmerkmal. »Das bedeutet für Sie, dass Sie morgens eine halbe Stunde länger schlafen können, und wenn Sie in die Küche kommen, wartet der frisch aufgebrühte, duftende Kaffee auf Sie«, ist der Vorteil für Ihren Kunden.

Gehen Sie nicht davon aus, dass Ihre Gesprächspartner die Sachinformationen automatisch in Vorteile und Nutzen übersetzen. Es ist Ihre Aufgabe, den Nutzen für Ihre Kunden herauszustellen. Haben Sie vorher die Bedürfnisse des Kunden erfragt, können Sie gezielt den Nutzen nennen, der für den Kunden interessant ist. Bleiben wir beim Beispiel Auto mit ABS. Hat der Kunde ein Sicherheitsbedürfnis geäußert, dann heißt der Zaubersatz: »Das bedeutet für Sie, dass Sie auch in schwierigen Verkehrssituationen sicher bremsen können.« Ist dem Kunden der Wiederverkaufswert wichtig: »Der Wagen hat ein ABS-System, das bedeutet für Sie, dass eine zukunftssichere Technik eingebaut ist, die sich werterhaltend auf das Fahrzeug auswirkt.«

Der Zaubersatz lässt sich verschieden variieren:

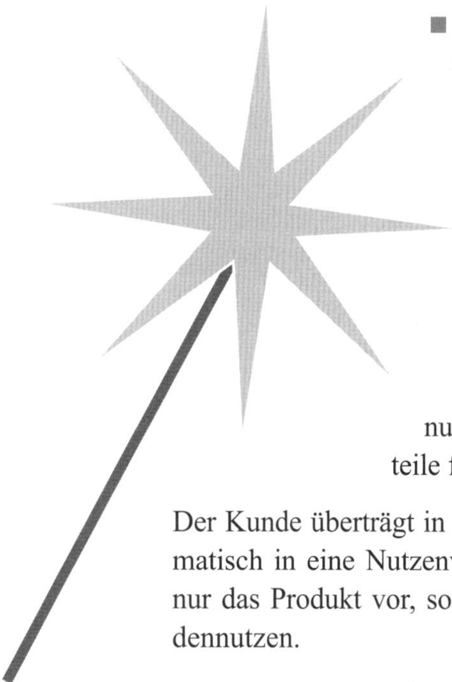

- Das bedeutet für Sie, ...
- Der Vorteil für Sie besteht darin, ...
- Der Nutzen für Sie besteht darin, ...
- Sie haben dabei denVorteil, ...
- Sie gewinnen ...

Ein »Zuviel« bei der Nennung des Nutzens wird es nicht geben. Selbst häufiges Wiederholen des »Das bedeutet für Sie,...« schadet nichts. Es ist sehr unwahrscheinlich, dass Ihr Kunde sagen wird: »Genug, genug, das sind mir jetzt aber zu viele Vorteile für mich. So viel Nutzen will ich gar nicht!«

Der Kunde überträgt in der Regel nicht die Produktmerkmale automatisch in eine Nutzenvorstellung. Stellen Sie als Verkäufer nicht nur das Produkt vor, sondern präsentieren Sie vor allem den Kundennutzen.

»Der Wurm muss dem Fisch schmecken und nicht dem Angler.« Welcher Gedanke steckt hinter diesem Spruch? Für jeden Kunden kann ein anderer Nutzen von herausragender Bedeutung sein. Versuchen Sie in der Phase der »Bedürfnisklärung durch Fragen« zu registrieren, auf welchen Nutzen der Kunde besonderen Wert legt. Das muss nicht derselbe Faktor sein, der Ihnen besonders gut gefällt oder der den Kunden X so sehr angesprochen hat.

Wollen Sie gut für ein Verkaufsgespräch vorbereitet sein, schreiben Sie sich alle Merkmale und Besonderheiten Ihres Angebotes auf und notieren Sie zu jedem Merkmal den Nutzen und die Vorteile für den Kunden. So können Sie, anhand einer Liste von Produktnutzen, diejenigen Kriterien herausstellen, die für Ihre Kunden am interessantesten sind.

Seit ein paar Tagen hat Dieter eine neue Arbeitsstelle. Er arbeitet als Verkäufer in einem Laden für Bürobedarf. Zum Angebot gehören auch technische Geräte wie Drucker, Telefone und Faxgeräte. Zur Vorbereitung auf seine Verkaufsgespräche hat Dieter zu den wichtigsten Geräten die entscheidenden Produktmerkmale notiert und sich überlegt, welchen Nutzen diese Merkmale für den Kunden haben.

Nicht nur Produktmerkmale sondern Kundenutzen präsentieren.

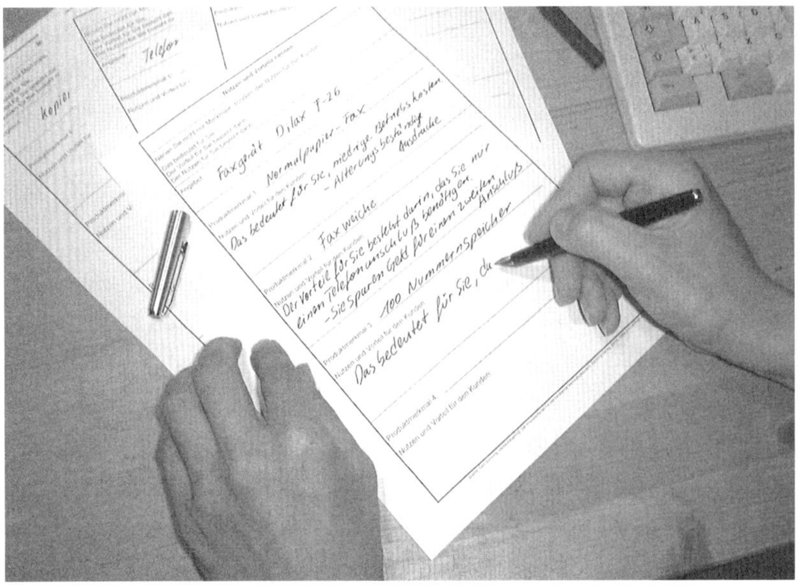

Zu jedem Merkmal hat er mehrere Kundenvorteile notiert, so dass er die für den jeweiligen Kunden interessantesten hervorheben kann. Der spätere Verkaufserfolg belohnt ihn für seine ausführliche Vorbereitungsarbeit.

Kunden sprachlich in den Mittelpunkt stellen

Sprechen Sie im Verkaufsgespräch nicht vom unpersönlichen »man«. Sprechen Sie den Kunden direkt mit »Sie« an. Nicht »man hat den Vorteil davon«, sondern »Sie haben den Vorteil davon«. »Überprüfen Sie selbst die Funktion.« »Hier können Sie sich ein Bild machen«.

Sprechen Sie den Kunden auch mit seinem Namen an. Eine Zeit lang wurde das etwas übertrieben, so dass es für den Kunden fast nervig war: »Guter Herr Müller. Schauen Sie doch mal hier, Herr Müller. Ganz tolle Oberfläche, nicht, Herr Müller? Herr Müller, ich kann Ihnen sagen.« O.K., ganz klar, nicht übertreiben. Aber wenn möglich, sollten Sie den Namen in Erfahrung bringen und den Kunden auch damit ansprechen. Als Regel gilt, den Kundennamen zur Begrüßung und zum Abschied sowie je nach Gesprächslänge ein »paar Mal« ins Gespräch einzubauen.

»Sie-Standpunkte« können auch wirkungsvoller und interessanter wirken als »Ich-« oder »Wir-Standpunkte«, im Sinne von »wir als Firma«. Nicht »Wir bieten Ihnen«, sondern »Sie erhalten«, nicht »Ich zeige Ihnen«, besser »Hier sehen Sie.«

Anschaulich präsentieren

Wichtig ist, dass Sie die Präsentation Ihres Angebotes so anschaulich, lebendig, bildhaft und phantasievoll wie nur irgend möglich gestalten. Hierzu stehen Ihnen eine Reihe bewährter Techniken, Tipps und Anregungen zur Auswahl. Sicherlich geht nicht alles in jeder Situation, auch sollten Sie nicht versuchen, alles auf einmal auszuprobieren, aber so nach und nach können Sie die eine oder andere Methode in Ihre Verkaufspraxis einführen.

Sinne ansprechen

Handeln kommt von Hand. In die Hand geben. Versuchen Sie möglichst oft, den Kunden eine sinnliche Erfahrung mit dem Produkt machen zu lassen. In die Hand geben, probieren lassen, schmecken, riechen, fühlen und betasten. Stellen Sie sich vor, wie es wäre, ein

Paar Schuhe zu kaufen, ohne sie anzuprobieren, ein Auto ohne Probefahrt, ein Parfüm ohne Duftprobe oder einen Fotoapparat, ohne ihn in die Hand zu nehmen. Da fehlt etwas. »Nehmen Sie den Apparat doch mal in die Hand.« Schon ist der Kunde dichter dran und hat eine haptische Erfahrung gemacht.

Versuchen Sie bei Ihrer Produktpräsentation möglichst viele Sinne anzusprechen.

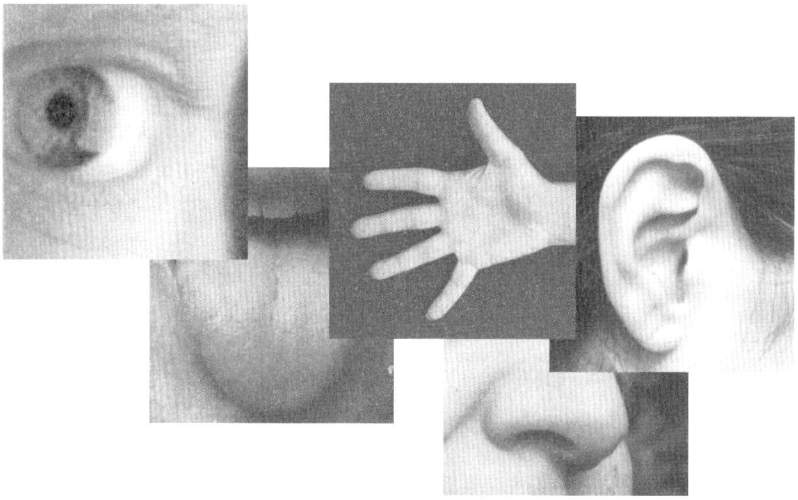

Die Regel lautet also: möglichst zeigen, demonstrieren und ausprobieren lassen. »Zeigen«, damit der Kunde einen »Einblick« erhält, und »in die Hand geben«, damit er »erfassen« und »begreifen« kann. Lassen Sie den Kunden eine direkte sinnliche Erfahrung mit dem Produkt machen.

Bildhaft präsentieren

Präsentieren Sie bildhaft und anschaulich. Sprechen Sie die Sinne an, beschreiben Sie, wie es sich anfühlt, schmeckt, riecht oder klingt. Verbinden Sie das Produkt mit Adjektiven, sie bringen Farbe, Wert und Fas-

Anschaulich und bildhaft präsentieren.

zination. Verben bringen Dynamik und Bewegung. Die Brötchen sind knusprig, das Rot des Wagens leuchtend, der Service ist schnell und der Stoff dicht und fest.

Auf dem Marktstand: Zwei Köpfe frischer, knackiger Salat, ein halbes Kilo feste, aromatische Tomaten, drei saftige Gurken und ein Bund frischer, würziger Kräuter.

Na, Lust auf einen Sommersalat bekommen?

Block-Bleistift-Methode

Eine einfache Methode, bildhaft und anschaulich zu präsentieren, im wahrsten Sinne des Wortes, ist die Block-Bleistift-Methode.

»Wenn wir uns Ihre bisherigen Fehlerquoten im Vergleich zu den Produktionszahlen anschauen, dann ergibt sich beim einfachen Einsatz des neuen Werkzeugs ab der dritten Periode bei einer Ausschüttung von dreitausend Stück ein break-even-point schon bei der Hälfte der bisherigen Fehlerzahl.« Hää?

Gerade, wenn Sie einem Kunden komplexe Sachverhalte darüber vermitteln, wie etwas zusammenhängt, wie sich etwas entwickelt oder wie der Aufbau oder die Struktur eines Angebotes ist, visualisieren Sie. Haben Sie immer einen Block und einen Stift bereit, und machen Sie möglichst oft eine Skizze, Auflistung, Tabelle, Graphik oder Zeichnung. Kann eine Kaufentscheidung erst später getroffen werden, geben Sie dem Kunden die Zeichnung mit und versehen sie mit Ihrem Namen, dem Datum und Ihrer Telefonnummer.

Auch wenn Sie Prospekt- und Informationsmaterial überreichen, versuchen Sie im Gespräch darauf Bezug zu nehmen und in den Prospekt hineinzuzeichnen. Notieren Sie am Rand die Musterkalkulation, die Sie besprochen haben, markieren Sie die für den Kunden wichtigen Elemente einer Zeichnung, oder unterstreichen Sie die Punkte, die sich im Verkaufsgespräch als wichtig herausgestellt haben.

Unterstützen Sie Ihre Präsentation durch Zeichnungen und Skizzen.

So bekommt der Prospekt eine persönliche Note, und der Kunde wird gerne noch einmal hineinschauen und kann für eine spätere Entscheidung die Gedanken aus dem Verkaufsgespräch leichter nachvollziehen.

Plus-Minus-Methode

Methode

Auch für die »Plus-Minus-Methode« setzen Sie den Block als Visualisierungsmittel ein, um dem Kunden die Vorteile bildhaft vor Augen zu führen. Ziehen Sie auf dem Blatt einen senkrechten Strich. Auf die eine Seite schreiben Sie Gründe und Vorteile, die für den Kauf sprechen.

Auf der anderen Seite entsteht eine Liste mit Punkten, die dagegen sprechen. Wenn am Ende die positive Seite klar überwiegt, haben Sie eine starke Entscheidungshilfe visualisiert. Überwiegen die Nachteile, dann haben Sie wahrscheinlich ohnehin nicht das richtige Angebot für Ihren Kunden.

Herr Zeder sucht ein Zelt für seinen Wanderurlaub. Nach einem intensiven Verkaufsgespräch scheint sich der Kunde für das Zelt »Global« besonders zu interessieren, kann sich aber noch nicht so richtig entscheiden. »Lassen Sie uns doch mal die Vor- und Nachteile von Global gegenüberstellen,« schlägt der Verkäufer vor. Es entsteht eine Liste mit zwei Spalten. Die Vorteilliste enthält die Stichworte: »leicht, schneller Aufbau, windfest, schöne Farbe und super Verarbeitung«. In der Nachteilliste steht: »Preis etwas über geplanter Investition, keine Innentaschen«. Den Nachteil der fehlenden Innentaschen löst der Verkäufer durch eine zusätzliche Hängetasche. Nach einem Blick auf die Liste hat sich Herr Zeder entschieden. »Global« wird mit ihm zusammen die Pyrenäen kennenlernen.

Überlegen Sie sich vorher, welche Teile aus Ihrem Verkaufsgespräch mit einer Skizze, Liste, Modellrechnung oder einem Bild unterstützt werden könnten.

Positiv formulieren

»Denken Sie nicht an einen grünen Frosch«. Das funktioniert irgendwie nicht. Wir können uns nicht etwas nicht vorstellen. Es entsteht sofort ein Bild von einem grünen Frosch im Kopf. Was heißt das für das Verkaufsgespräch? Sagen Sie dem Kunden, was das Produkt kann, und nicht, was es nicht kann. Vermeiden Sie negative Formulierungen. Sagen Sie nicht: »Der Bohrer geht nicht so leicht kaputt«, sondern »Der Bohrer hat eine hohe Stabilität«. Ist der Begriff »kaputt« im Gespräch aufgetaucht, wird er vom Kunden unbewusst abgespeichert. Sie »bringen« den Kunden erst auf das »kaputt«-Problem. Sagen Sie nicht: »Mit diesem Vitaminpräparat haben Sie keine Mangelerscheinungen«, sondern »Sie erhalten alle wichtigen Vitamine in einem Präparat«. Überlegen Sie für Ihre Präsentation eine positive »Beschreibungsformulierung«. Machen Sie eine Liste der Merkmale und parallel dazu eine Beschreibung, die »nur« positive Begriffe verwendet. Das Glas ist halb voll, nicht halb leer. Sagen Sie als Verkäufer nicht: »Das Gerät ist nicht schlecht. Sie werden die Entscheidung nicht bereuen, und Sie werden damit keine Probleme haben.« Beim Kunden kommt »... schlecht ... bereuen ... und Probleme« an. Sagen Sie besser: »Das ist ein ausgezeichnetes Gerät, an dem Sie lange Freude haben werden. Damit haben Sie eine gute Wahl getroffen.«

Natürlich ist die Verwendung positiver Begriffe kein Dogma, aber Sie lösen ein angenehmeres Gefühl bei Ihrem Gesprächspartner aus, wenn Sie das Produkt mit »angenehmen« Worten beschreiben.

Beispielmethode

Eine sehr schöne Möglichkeit, die Vorzüge der angebotenen Leistung zu präsentieren, ist die Beispielmethode. »Ich war letzten Monat bei einem Kunden, der hatte ein ähnliches Lagerproblem wie Sie. Da sind wir auf die Idee gekommen, die Leichtregale auf die schweren zu montieren. Wäre das auch etwas für Sie?« Es kann für den Kunden zum einen sehr interessant, aber auch sehr überzeugend sein, wie andere dasselbe oder ein ähnliches Problem gelöst haben.

Über-zeugen

Bei der »Diskussion« mit einem Kunden geht es nicht darum, wer recht hat. Eine direkte Belehrung des Kunden ist fast immer ungünstig. Sie sind in der Regel mit besseren Produktkenntnissen ausgerüstet und haben sich Argumente vorbereitet. Bei einer Diskussion wären Sie wahrscheinlich leicht der Diskussionssieger. Diskussion gewonnen, Kunde verloren. Wer möchte schon besiegt werden? Der Kunde möchte auch nicht belehrt werden. Eine Möglichkeit ist, das Gesagte mit Aussagen Dritter zu untermauern. Über Zeugen zu argumentieren. Zerlegt man das Wort »überzeugen« in seine Wortbestandteile, so kommt man wieder auf den ursprünglich gemeinten Sinn »über Zeugen«. Über Dritte, die für etwas als Zeuge sprechen.

Das kann die x-Untersuchung, Fachguru y oder Professor z sein. Wichtig ist, dass Sie die Aussagen auch belegen können. Bedenken Sie aber, es geht nicht darum, »Recht« zu haben, den Kunden zu »überreden«, sondern ihn zu »überzeugen«.

»Mit dem Buch ›Alternative Heilmethoden‹ haben Sie wirklich eine gute Wahl getroffen als Geschenk für Ihre Cousine, die Medizin studiert. Letzte Woche erst habe ich eine positive Rezension darüber von Dr. Grün in Medizin Aktuell gelesen.«

Die Phantasiemethode

Die Idee der Phantasiemethode ist, gemeinsam mit dem Kunden über eine Scheinannahme in die Zukunft zu spazieren, um dann ganz unbemerkt wieder in die Gegenwart zu steuern. Mit dieser Methode können Sie dem Kunden eine Entscheidung nahelegen, ohne Druck auszuüben, und ihm bei seinem Entschluss behilflich sein.

Bettina, Carsten und Udo bieten für Firmen Unterstützung bei Betriebsfeiern an. Herr Splitter, der Geschäftsführer der Firma Sicherheitsglas GmbH, hat sie zu einem Präsentationstermin eingeladen, weil wieder die alljährliche Weihnachtsfeier bevorsteht, die diesmal etwas Besonderes werden soll. Nachdem Fragen, Bedürfnisse und Wünsche geklärt sind, fragt Bettina: »Angenommen, es ergibt sich eine Zusammenarbeit, dann könnte schon nächste Woche das Erhebungsverfahren abgeschlossen sein. Das bringt für Sie den Vorteil ...« Bettina sagt also nicht direkt »Entscheiden Sie sich für uns?«, sondern arbeitet mit einer Hypothese, mit einer Phantasie. Hierauf lassen sich die meisten Gesprächspartner ein. Ganz von selbst kommt man wieder in die Gegenwart. Herr Splitter: »Gut, dann kommen Sie nächste Woche vorbei, damit es losgehen kann.«

7

Einwände

Positiver Umgang mit Kundeneinwänden

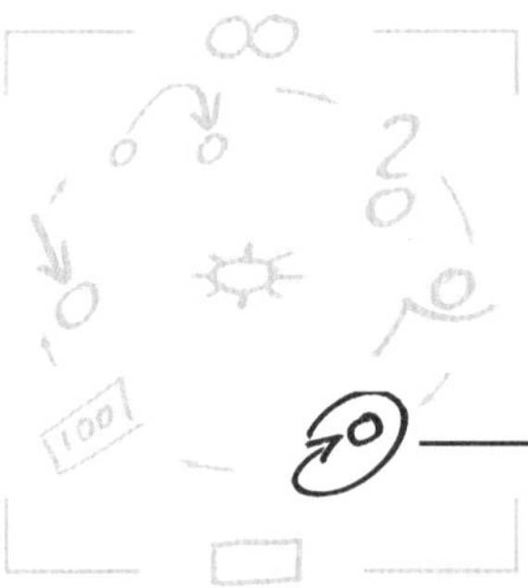

7 Einwände

Einwände bieten die Chance, Kundenfragen zu beantworten und den Nutzen hervorzuheben.

Das Verkaufen könnte so nett sein, wenn es die lästigen Kunden nicht gäbe, und gerade die mit ihren Einwänden. Dann könnte man glatt seine Präsentation durchziehen und einfach verkaufen. Aber so ist es leider oder besser, zum Glück, nicht. Erstens wäre das Verkaufen etwas langweilig, wenn es immer nur nach dem gleichen Schema ginge, und zum anderen haben Kundeneinwände eine Menge Vorteile im Verkaufsgespräch. In der Regel kann man die Einwände in drei Kategorien einteilen:

- Tatsächliche Einwände
- Fragende Einwände
- Scheineinwände

Aber zunächst ein paar grundlegende Gedanken zum Thema Einwandsbehandlung.

Einwände positiv sehen

Häufig werden Einwände als lästig, als notwendiges Übel angesehen. »Heute hatte ich wieder einen Kunden. Der brachte einen Einwand nach dem anderen. Total nervig.« Ich sage jetzt einfach mal, Einwände sind klasse! Warum?

Die Einwände bringen Vorteile. Kunden, die Einwände äußern, sind in der Regel besser als Kunden, die gar nichts sagen und ihre Einwände und Bedenken verschweigen. Der Dialog mit dem Kunden ist wichtig. Wenn der Kunde Einwände erhebt, signalisiert er, dass er bereit ist, sich mit dem Angebot auseinanderzusetzen. Wer interessiert ist, stellt eher Fragen und bringt Einwände. Der ehrliche Einwand zeigt, dass der Kunde Interesse hat.

Betrachten Sie den Einwand als Helfer. Der Einwand kann Sie unterstützen

- die Kaufmotivation des Kunden herauszufinden.
- die Fragen und Bedenken des Kunden zu erfahren, um Lösungsmöglichkeiten zu entwickeln.
- die Problemlage des Kunden besser zu erfassen, um Problemlösungen anzubieten und den Kaufwunsch zu erregen.
- die Vorzüge Ihres Angebotes deutlicher zu präsentieren.

Sich auf Einwände vorbereiten

Am besten können Sie auf Einwände reagieren, wenn Sie sich vorbereitet haben. Die vier Schritte in der Vorbereitung sind:

- 1. Notieren Sie sich in Zukunft alle Einwände, die Ihnen in Ihren Verkaufsgesprächen begegnen. Häufig sind es immer wieder ähnliche Einwände, die von Ihren Kunden vorgebracht werden.
- 2. Überlegen Sie, was für eine Frage hinter dem Einwand stecken könnte.
- 3. Überlegen Sie Antworten auf diese Fragen, und prägen Sie sich diese ein.
- 4. Überprüfen Sie die Antworten auf ihre Wirksamkeit in der Verkaufspraxis. Haben Sie die richtigen Fragen vermutet?

Reaktion auf Einwände

Es gibt einige allgemeine Regeln, wie Sie auf Einwände reagieren sollten. Dazu gehört:

- Ausreden lassen

»Aber bei der Druckerhöhung ...« »Ja, ja, schon klar. Das sehen Sie aber ganz falsch.« Lassen Sie den Kunden ausreden, auch wenn Sie schon zu wissen meinen, was er gleich vorbringen wird. Der Kunde setzt sich häufig das erste Mal mit dem Produkt auseinander, und für ihn sind die Fragen und Bedenken neu und ernsthaft. Hören Sie in Ruhe zu. Wenn Sie etwas nicht verstehen, klären Sie diese Punkte durch Rückfragen und antworten Sie erst dann auf den Einwand.

- Einwand ernst nehmen

»Ich hatte letztes Jahr bei Ihnen ein Fenster gekauft, und das hat nicht richtig geschlossen. Deshalb sind die Produkte dieser Fensterfirma nichts für mich.« »Ach, das ist doch halb so wild, wenn Sie das jedes Mal ein wenig anheben, ist das Problemchen gelöst.« Nehmen Sie den Kunden mit seinem Einwand ernst. Für ihn ist es ein richtiges Problem. Das heißt nicht, dass Sie gleich eine Tragödie daraus machen sollten, aber spielen Sie den Einwand des Kunden nicht herunter.

- Keine Rechthaberei

Sehen Sie die Einwände des Kunden nicht als Angriff, der bekämpft werden soll. Es geht nicht darum, wer recht hat, sondern darum, den Kunden zu überzeugen. Achten Sie die Meinung des Kunden. Antworten Sie nicht mit: »Nein, Sie haben unrecht.« »Das sehen Sie ganz falsch.« »Sie irren sich.« »Ich kann Ihnen beweisen, dass ...« »Das kann nicht sein.« »Darin sind Sie Laie« oder »Was Sie sagen, stimmt nicht.« Auch wenn Sie die Diskussion »gewinnen«, verlieren Sie den Kunden.

- Kurz und klar antworten

Antworten Sie kurz und fahren dann mit dem Verkaufsgespräch fort. Antworten Sie zu langatmig, geben Sie der Sache wahrscheinlich mehr Gewicht, als sie für den Kunden hat. Denn Einwände sind Fragen, die beantwortet werden wollen, und kein Auslöser für langatmige Rechtfertigungstiraden.

- Nie „Einwand" sagen

Vermeiden Sie es, den Begriff »Einwand« von sich aus ins Gespräch zu bringen. Der Kunde äußert aus seiner Sicht »nur« eine Frage. Wenn Sie jetzt darauf antworten: »Um auf Ihren Einwand zu reagieren, muss ich Ihnen sagen ...« Jetzt erst bringen Sie den Kunden darauf, dass er einen »Einwand« hat. Sagen Sie besser: »Das ist eine wichtige Frage, die Sie hier aufwerfen.« »Gut, dass Sie diesen Punkt anmerken« oder »Um auf Ihre Bemerkung von vorhin zurückzukommen.«

Tatsächliche Einwände

»Und hier kann ich Ihnen noch ein tolles Faxgerät anbieten« »Och nö, ich glaube das ist nix für mich. Ich lebe in einem Wohnwagen ohne Telefonanschluss.« Oder »Hier der neue Rasenmäher« »Ich glaube, den brauche ich nicht für meine Stadtwohnung mit Parkettboden.«

Manche Einwände sind »tatsächlich«. Das heißt, der Kunde formuliert weder eine Frage noch ist es ein Scheineinwand, hinter dem etwas anderes steckt. Er braucht den Rasenmäher wirklich nicht, das rosa Hemd ist tatsächlich nichts für das Vorstellungsgespräch, oder die riesige Festplatte ist für die Verwaltung der Skatergebnisse wirklich ein wenig zu groß. Akzeptieren Sie den Einwand des Kunden ohne Vorwurf: »O.K., alles klar.« Stimmen Sie dem Kunden zu und zeigen Sie Verständnis. Vermitteln Sie ihm das Gefühl, dass Sie ihn gerne jederzeit wieder beraten. Wenn der Kunde in Zukunft ein anderes oder ähnliches Problem hat, wird er sich gerne wieder an Sie wenden.

Es gibt auch berechtigte Einwände.

Verkäufer: »Hier habe ich den neuesten Hit für Sie. Damit sind Sie ein völlig neuer Typ.« Kunde: »So aktuell scheint mir das nicht zu sein.«

Fragende Einwände

Fragende Einwände

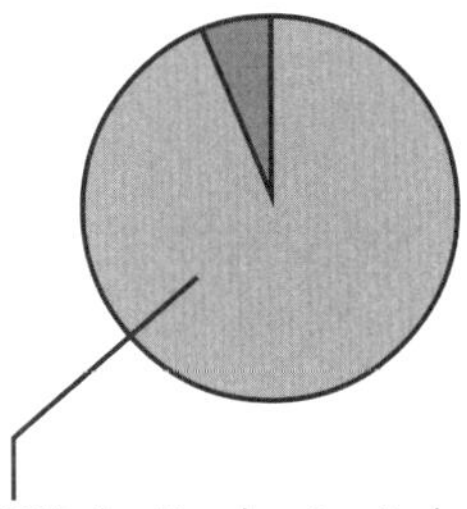

90% der Kundeneinwände sind Fragen, die beantwortet werden wollen.

Manche Verkäufer empfinden Einwände als Angriffe: Der Kunde möchte mein »tolles« Angebot schlecht machen. Er sucht nur die Schwachstellen des Angebotes und unterbricht die schön vorbereitete Präsentation. Die Einwände des Kunden sind jedoch keine Angriffe. Er hat ein Bedürfnis oder ein Problem, sonst würde er sich gar nicht mit dem Verkäufer auseinandersetzen. Durch seine Einwände möchte er überprüfen, ob das Angebot für seine Bedürfnisse oder Problemlage passt. Deshalb bieten Einwände eine geradezu ideale Grundlage, die Vorzüge des Angebotes zu präsentieren.

Es gibt eine Theorie, dass über neunzig Prozent der Einwände Fragen sind. Der Kunde hat eine Frage, ihm ist etwas unklar, und hierüber möchte er Klarheit bekommen.

Bei den Techniken im Umgang mit Einwänden ist das Ziel, dem Kunden eine positive Sicht auf die Dinge zu vermitteln, ohne ihm besserwisserisch oder ungehalten zu widersprechen. »Nein, nein, das sehen Sie ganz falsch«, ist keine gute Vorgehensweise.

Aber wie können Sie mit diesen Fragen umgehen? Als Einwandsbehandlungsmethoden haben sich folgende Vorgehensweisen bewährt:

- Als Frage beantworten
- Umdeutungsmethode
- Iso-Methode
- Einwand-Vorwegnehm-Methode
- Einwand zurückstellen
- Ja-aber-, Ja-sicherlich-Methode

Als Frage beantworten

»Wenn ich auf Reisen gehe, wird der Laptop aber ganz schön schwer.« Welche Frage steckt in diesem Einwand? »Gibt es ein leichteres Modell?« oder »Welche Tragehilfen gibt es dazu?« Der Einwand zeigt vielleicht auch, dass im bisherigen Gespräch Kundenbedürfnisse übersehen oder nicht ausreichend geklärt wurden.

»Das Verbindungsstück sieht aber nicht besonders stabil aus.« Dahinter könnte die Frage nach der Qualität, der Garantie oder der Sicherheit stecken. Versuchen Sie, Einwände als Fragen und Bedenken zu sehen, die beantwortet und geklärt werden können.

Beantworten Sie einfach die Frage, die hinter dem Einwand steckt, und zerstreuen Sie damit die Bedenken des Kunden.

Umdeutungsmethode

Umdeutungsmethode

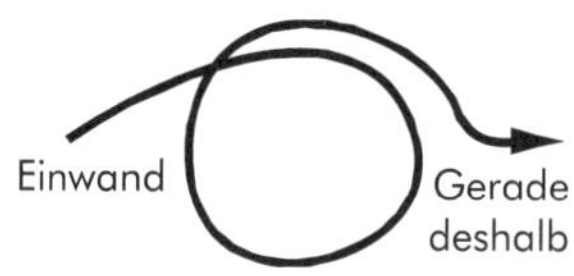

Bei der Umdeutungsmethode »drehen« Sie den Einwand des Kunden so, dass der Kunde die Vorteile sieht. Diese Technik wird auch häufig als »Bumerangmethode« bezeichnet. Der Zaubersatz dazu lautet zum Beispiel:

- Gerade deshalb ...
- Eben darum ...
- Genau das ist es ...

Hier einige Beispiele zu Kundeneinwänden: Kunde: »Sie sind aber ein eher kleines Unternehmen.« Verkäufer: »Gerade deshalb kümmern wir uns ganz besonders engagiert um unsere Kunden und können sehr flexibel auf Ihre Wünsche reagieren.« Oder Kunde: »Die Regelventile sehen von der Technik her aber etwas veraltet aus.« Verkäufer: »Genau das ist es, was die Maschine so zuverlässig macht. Sie erhalten ein Regelungssystem, das sich schon seit Jahren bewährt hat. Das bedeutet für Sie eine garantierte Betriebssicherheit.«

Kunde beim Computerkauf: »Das Gehäuse ist aber ganz schön gross.« »Gerade dadurch haben Sie später die Möglichkeit, problemlos Teile nachzurüsten.«

Oder der Trainer bei der Anfrage für einen Seminarraum: »Das liegt aber ziemlich weit draußen.« »Genau das ist es, was die ruhige und persönliche Atmosphäre unseres Tagungshauses ausmacht.«

Iso-Methode

Die Idee bei der Iso-Methode ist es, die Bedenken des Kunden auf einen Einwand zu reduzieren und diesen dann sozusagen isoliert zu lösen. Sie legen also dem Kunden eine positive Entscheidung nahe, die Sie »nur noch« von der Lösung dieses einen Einwands abhängig machen. Kunde: »Ihr Vorschlag mit der Garteninstallation klingt ja ganz gut, aber die Lieferzeiten sind mir einfach zu lang.« Verkäufer: »Das heißt, wenn wir die Frage mit der Lieferzeit lösen könnten, wäre das ein interessantes Angebot für Sie?« Kunde: »Ja, klar, aber wie gesagt, die Lieferzeiten.« Verkäufer: »Gut, dann lassen Sie uns doch mal gemeinsam überlegen, wie wir diesen Punkt lösen können ...«

Wenn Sie gemeinsam mit dem Kunden eine Lösung finden, steht dem Verkaufsabschluss nichts mehr im Weg. Der Vorteil dieser Methode ist es, die Entscheidungshürde auf einen Punkt zu reduzieren. Sonst kann es passieren, dass der Kunde, nachdem Sie das eine Problem, z.B. Lieferzeiten, gelöst haben, plötzlich ein neues Problem, z.B. Zahlungsmodalitäten, aus dem Hut zaubert. Ist auch das gelöst, ist sofort das nächste da. Mit der Iso-Methode vermeiden Sie solche »Ketteneinwände«.

Einwand-Vorwegnehm-Methode

Wenn Sie aus Ihrer Erfahrung wissen, dass ein Großteil Ihrer Kunden immer einen bestimmten Einwand nennt, können Sie die Vorwegnehm-Methode einsetzen. Verkäufer: »Man könnte jetzt sagen, dass das Bestätigen nach jedem Programmierschritt etwas umständlich ist, aber gerade dadurch erhalten Sie eine hohe Sicherheit gegen Fehlbedienungen.« Die Gefahr dieser Methode liegt darin, dass Sie eventuell neue Einwände beim Kunden hervorrufen, an die er vorher noch gar nicht gedacht hatte. Setzen Sie sie sehr gezielt und nur bei Einwänden ein, für die Sie eine gut vorbereitete, positive Einwandbehandlung parat haben.

Einwand zurückstellen

Generell sollten Sie versuchen, auf Einwände sofort zu reagieren, aber manchmal kann es sinnvoll sein, einen Kundeneinwand kurz zurückzustellen. Die Klärung der Kundenfrage passt nicht in den sinnvollen Produktpräsentationsablauf. Sie behandeln diesen Punkt sowieso zu einem späteren Zeitpunkt in Ihrer Präsentation, oder die Erklärungen zu diesem Einwand sind von dem Kunden ohnehin besser zu verstehen, wenn Sie ihm vorher einen Gesamtüberblick über die Produktmerkmale gegeben haben. Verkäufer: »Ich möchte Ihre Frage zunächst zurückstellen und Ihnen vorher kurz die anderen Funktionen zeigen ...« »Das ist ein interessanter Punkt, den Sie da ansprechen. Bevor ich darauf näher eingehe, ist es wichtig zu verstehen, wie der Antrieb in diesem Zusammenhang funktioniert ...« Um zu signalisieren, dass Sie den Kundeneinwand ernst nehmen, können Sie sich eine kurze Notiz machen. »Ich notiere mir hier Ihre Frage, damit wir später darauf zurückkommen können.«

Ja-aber-, Ja-sicherlich-Methode

Als klassische Einwandsbehandlung wird oft die Ja-aber-Methode angeführt. Die Idee ist, dem Kunden erst mal bestätigend recht zu geben und dann einen neuen Aspekt einzubringen. Das ist sicherlich eine häufig angewendete Methode. Möglicherweise haben Sie dabei schon einmal gedacht, dass es vielleicht noch eine bessere Art gibt, auf Einwände zu reagieren. Der Haken an der Ja-aber-Methode ist, dass Sie den Kunden mit dem Wörtchen »aber« ins Unrecht setzen. Sie widersprechen ihm. Einen größeren Erfolg erzielen Sie, wenn Sie mit »Ja, sicherlich ... und ...« reagieren. Verkäufer: »Ja, sicherlich, das kann ich gut nachvollziehen, und wahrscheinlich ist Ihnen dabei schon aufgefallen, dass man auch ...« Vielleicht lesen Sie den Anfang dieses Abschnittes hier noch einmal. Auch dort habe ich mit der Ja-sicherlich-Methode gearbeitet.

Scheineinwände

Neben den »wirklichen« Einwänden gibt es die sogenannten Scheineinwände. Scheineinwände sind vom Kunden vorgebrachte »Blockaden«, hinter denen eigentlich eine ganz andere Sache steckt. Es gibt den Spruch: »Einwände sind Vorwände«. Vorwände für irgend etwas ganz anderes, was ich aus irgendwelchen Gründen dem Verkäufer nicht offen sage. Typische Scheineinwände sind:

- Kein Interesse
- Darüber muss ich noch nachdenken
- Nein

Hinter solchen Einwänden steckt häufig etwas ganz anderes. Wie zum Beispiel:

- Befürchtungen
- Unbeantwortete Fragen
- Unklarheiten
- Informationsdefizite

Eine häufige Reaktion von Verkäufern auf solche Scheineinwände besteht darin, mit einer »Argumentationsdusche« zu antworten. Das heißt, er übergießt den Kunden mit Argumenten für sein Angebot in der Hoffnung, dass er damit die Gründe für den Einwand aus dem Weg spült. Der Einwand erscheint wie eine „black box", in der die wirklichen Gründe unentdeckt verborgen liegen. Die »Argumentationsgießkanne« geht in einem breiten Strahl darüber. Viel wirkungsvoller ist es jedoch, gezielt argumentieren zu können, die Box aufzuschließen, die wirklichen Fragen hinter dem Scheineinwand zu entdecken und gezielt zu beantworten. Doch was ist der Schlüssel für diese Box? Was Sie brauchen, ist die passende Frage, um die Box aufzuschließen.

Bei Scheineinwänden nicht im Gießkannenprinzip Argumente ausschütten.

Einwände wie »Kein Interesse« oder »Darüber muss ich noch nachdenken« bedeuten oft das Ende eines Verkaufsgesprächs, und dem Verkäufer bleibt scheinbar nur noch die Möglichkeit, »schade« zu sagen. Doch durch eine »aufschließende« Frage haben Sie die Möglichkeit, wieder mit dem Kunden ins Gespräch zu kommen, an einem Punkt, an dem für andere Verkäufer das Verkaufsgespräch schon beendet ist. Natürlich kann der vorgebrachte Einwand »wirklich« sein, das heißt dem Kunden ist das Angebot »wirklich« zu teuer, oder er hat kein Interesse.

Aber Sie wissen ja nicht, ob der Einwand »echt« oder ein Scheineinwand ist. Mit Fragen haben Sie die Möglichkeit, das zu erkunden, um dann gezielt argumentieren zu können. Fragen sind der Schlüssel, der Ihnen die »black box« des Scheineinwandes öffnet. So können Sie sehen, was wirklich hinter dem Einwand steckt. Grundvoraussetzungen dieser Methode sind, dass sich einerseits hinter dem Einwand offene Punkte verbergen, die Sie dann klären können, und andererseits die Bereitschaft des Kunden, sich überhaupt weiter mit Ihnen zu unterhalten. Sonst funktioniert es natürlich nicht.

Schauen wir uns ein paar Fragemöglichkeiten in Bezug auf die typischen Scheineinwände an:

Kein Interesse

Kunde: »Ich glaube, daran habe ich im Moment kein Interesse« oder »Das ist für mich nicht interessant«. Mit den Fragen von Ihnen als Verkäufer: »O.K., welches Angebot wäre für Sie interessant?«, »Welche bisher vorgestellten Punkte haben Sie am meisten angesprochen?« haben Sie die Chance, das Verkaufsgespräch fortzusetzen.

Eine andere Möglichkeit ist, den Einwand zu akzeptieren und den Gesprächsanknüpfungspunkt auf einer anderen Ebene zu finden. »O.K., kein Problem. Ihr Interesse liegt also in einer anderen Richtung. Wäre eine Information zum Thema xy für Sie interessant?« Eine weitere, eher »kräftige« Methode, auf einen solchen Einwand zu reagieren, sind die Warum-Fragen. Die Gefahr des Fragewortes »warum« liegt darin, dass sich der Kunde in eine Rechtfertigungsposition gedrängt fühlen kann. »Warum haben Sie kein Interesse?« Stellen Sie diese Frage mit einer offenen Körperhaltung und betonen Sie echtes Interesse. Auf diese Weise kann die genannte Frage eine Tür zu den »wirklichen« Gründen hinter dem Scheineinwand öffnen, und schon können Sie den Kunden weiter bei seiner Entscheidungsfindung unterstützen.

Gehen Sie mit dem Kunden gemeinsam auf die Suche nach den Ursachen des Desinteresses. »Woran liegt es, dass Sie im Moment noch kein Interesse an der neuen Telefonanlage haben?« oder wenn Sie eine konkrete Vermutung haben, in einer geschlossenen Form zu fragen: »Könnte es sein, dass ...«

Darüber muss ich noch nachdenken

Kunde: »Ach, darüber muss ich noch nachdenken« oder »Ich kann mich noch nicht entscheiden.« Wie könnte hier der Schlüssel heißen? Der Kunde möchte noch darüber nachdenken. Wahrscheinlich hat er noch nicht alle Informationen, um eine Entscheidung zu fällen. Fragen Sie einfach danach: »Welche Fragen sind noch offen?« oder »Lassen Sie uns noch einmal gemeinsam darüber nachdenken, solange uns die Informationen noch gegenwärtig sind. Zu welchen Punkten benötigen Sie noch konkrete Informationen?« und schon können Sie den Kunden weiter bei seiner Entscheidungsfindung unterstützen.

Wenn Sie Ihrem Kunden solche Fragen stellen, werden Sie erstaunt sein, welche Informationen dem Kunden für seine Entscheidung noch gefehlt haben oder welche Fragen und Informationsgespräche sich danach noch ergeben. Nehmen Sie die Chance wahr, mit einer Frage die wahren Gründe hinter einem Scheineinwand zu erschließen.

Nein

Warum steht das »Nein« des Kunden im Kapitel »Einwände«? Häufig ist das »Nein« des Kunden nur ein Scheineinwand, den Sie auch genauso behandeln sollten. Normalerweise ist beim »Nein« des Kunden das Verkaufsgespräch zu Ende. Das muss nicht sein. Es gibt sogar den Verkäuferspruch: »Beim ›Nein‹ des Kunden fängt das Verkaufen erst an.« Vielleicht stecken ganz andere Gründe hinter dem »Nein« als eine schlichte Ablehnung, und auch wenn der Kunde das Angebot wirklich nicht benötigt, kann es sehr interessant für Sie sein, die Gründe dafür zu erfahren. Vielleicht haben Aspekte zu seiner Ablehnung beigetragen, auf die Sie beim nächsten Kunden achten können.

Günther hat sich von einem Mitarbeiter der Bank über einen Bausparvertrag informieren lassen, dann sagt er aber doch »Nein, das ist nichts für mich.« Die eine Möglichkeit ist, jetzt zu sagen »Gut, dann eben nicht« und vielleicht auch noch ein griesgrämiges Gesicht zu machen. Oder Sie lächeln Günther an und sagen: »Ah, kein Problem. Da ist sicherlich noch ein Punkt, zu dem Sie konkrete Informationen wünschen« oder »Welche Fragen sind noch offen geblieben?« Jetzt haben Sie die Chance, das Gespräch fortzusetzen, Unklarheiten zu beseitigen, Wünsche zu erfahren und zusätzliche Informationen zu geben.

8

Preisverhandlung

Preise positiv nennen und sicher verhandeln

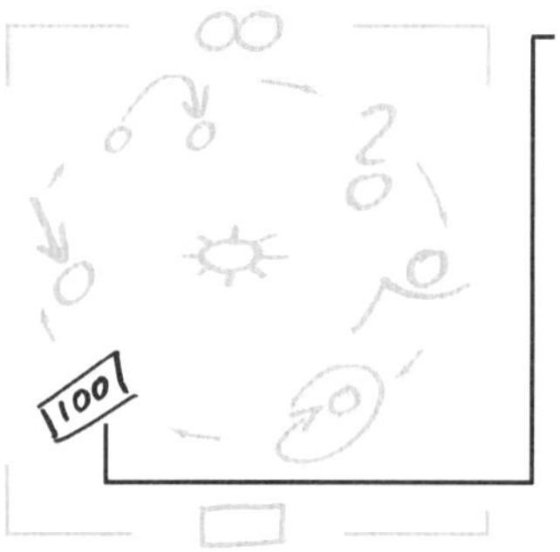

8 Preisverhandlung

Preisnennung und Preisverhandlung als wichtige Phase im Verkaufsgespräch.

Die Preisnennung und -verhandlung wird häufig als schwierige Phase im Verkaufsgespräch empfunden. In diesem Kapitel erfahren Sie Methoden und Denkansätze, die Ihnen helfen können, sich in zukünftigen Verkaufsgesprächen fast schon auf die Kundenfrage »Was kostet das denn?« zu freuen.

Auch mit den oft als unangenehm empfundenen Kundeneinwänden: »Das ist aber ganz schön teuer« oder »Das gibt es aber bei der Firma Billigmaier viel günstiger«, gibt es Möglichkeiten umzugehen.

Wann beginnt die Preisverhandlung?

Die Preisverhandlung beginnt mit dem ersten Kundenkontakt und nicht erst, wenn der Kunde nach dem Preis fragt. Der Aufbau einer Beziehung zum Kunden bildet die Grundlage für eine erfolgreiche Preisverhandlung, denn mit einem Verkäufer, den der Kunde unsympathisch findet, wird er härter und unnachgiebiger verhandeln, wenn überhaupt, als mit dem Verkäufer, den er sympathisch findet, mit dem der Kunde sich verbunden fühlt.

Wenn Sie dem Kunden keine Vorstellung vom Wert und vom Nutzen des Angebotes vermitteln, wird er es immer als zu teuer empfinden. Somit sind auch die Bedürfnisanalyse und die anschließende wirkungsvolle Präsentation für den Kunden wichtige Fundamentsteine im Preisgespräch.

Wenn Sie eine positive Kunden-Verkäufer-Beziehung aufgebaut und Ihre Präsentation nach den Bedürfnissen des Gesprächspartners ausgerichtet haben, werden Sie es in der eigentlichen Preisverhandlung leichter haben. Diese Grundlage ist keine Garantie für eine erfolgreiche Verhandlung, aber ohne diese Gundlage werden Sie es viel schwerer haben. Machen Sie es sich in Zukunft durch einen guten Gesprächsaufbau leichter.

Preisnennung

Die Preisnennung ist häufig der Auftakt zur Preisverhandlung. Hier gilt es, den Preis

- selbstbewusst
- zum richtig Zeitpunkt
- und in der richtigen Einheit

zu nennen.

Selbstbewusst

Nennen Sie den Preis selbstbewusst. Was heißt das? Vielen Verkäufern ist die Preisnennung unangenehm. Das ist unnötig. Sie bieten dem Kunden eine Leistung, die natürlich ihren entsprechenden Preis hat. Jetzt kommt es darauf an, dass Sie den Wert auch selbstbewusst vertreten.

»Was kostet denn nun der Partyservice?« Verkäufer: »Ja, das wird Ihnen jetzt vielleicht etwas viel vorkommen, aber wir haben auch eine Menge Arbeit damit. Vielleicht können wir Ihnen auch noch etwas entgegenkommen.« Kunde: »Ja, wieviel ist es denn?« Verkäufer: »Wie gesagt, es ist schon ganz schön teuer, wenn Sie bei uns für einen Abend 1200 € bezahlen müssen.« Kunde: »Ja, stimmt, klingt ganz schön teuer.« So natürlich nicht. Allerdings macht die Betonung in dieser Situation viel aus. Die Aussage »1200 €« können Sie so betonen, dass unterschwellig mitschwingt »darüber können wir aber noch reden«, »ist schon eine Menge« oder »finde ich auch ganz schön teuer«. Auch die Aussagen »Das kostet aber ...« impliziert »zu teuer« oder sogar »Ich glaube, das können Sie sich nicht leisten«.

Nennen Sie Ihrem Kunden den Preis klar, deutlich und selbstbewusst. Blicken Sie ihm dabei in die Augen, und sprechen Sie ohne »Fragezeichen«. Wenn der Kunde das Gefühl hat, Sie sind sich bei dem Preis nicht sicher, woher soll er dann die Sicherheit bekommen, dass der Preis fair ist? Wer möchte schon zuviel bezahlen?

Zeitpunkt der Preisnennung

Ideal ist es, wenn Sie den Preis erst nach der Präsentation aller Vorteile für den Kunden nennen. Dann erst haben Sie nämlich eine Gegenwertvorstellung bei Ihrem Kunden aufgebaut. Manchmal kommt es aber vor, dass Ihr Kunde schon vorher ungeduldig nach dem Preis fragt: »Ja, ja. Jetzt sagen Sie mir doch erst mal, was es kostet« oder »Mich interessiert erst mal nur der Preis.«

Versuchen Sie hier, die Preisnennung nach hinten zu verlegen: »Bevor wir über den Preis reden, ist es wichtig, dass wir gemeinsam überlegen, welche Produktvariante für Sie am geeignetsten ist. In welchem Zusammenhang wollten Sie die Hydraulikpresse einsetzen?« oder »Den Preis bestimmen Sie mit. Wie hoch wird wahrscheinlich die Abnahmemenge des Papiers im Monat sein?«

Nach der Bedarfsnennung des Kunden können Sie weiter nach Einsatzbedarf oder Qualitätsanforderungen fragen, um dann in eine Produktpräsentation überzugehen. Nachdem Sie alle Vorzüge genannt haben, kommen Sie ganz selbstverständlich zur Preisnennung.

Preiseinheit

»Für dieses Buch bezahlen Sie nur 0,161 Cent pro Druckseite.« Kein Wunder, dass Sie den Buchhändler bei dieser Antwort etwas seltsam anschauen.

Bei der Preisnennung gilt die Regel, die kleinste sinnvolle Einheit zu nennen. Was ist jedoch die kleinste sinnvolle Einheit? Bei Büchern sicherlich nicht der Preis pro Seite oder bei Autos der Preis pro Rad. Bei Angeboten, die über einen längeren Zeitraum bezahlt werden oder bei denen verschiedene Gebindegrößen angeboten werden, lohnt es sich, über diese kleinste Einheit nachzudenken.

Nennt der Berater den Preis für den ganzen Beratungsauftrag, oder was er am Tag oder in der Stunde kostet? Die Nennung des Minutenpreises scheint schon wieder etwas überzogen. Nennt der Papierverkäufer den Palettenpreis, den Preis pro Karton oder den Blattpreis?

Wie gesagt, es kommt darauf an, was die kleinste sinnvolle Einheit ist. Ziel ist es, dem Kunden nicht die Vorstellung zu vermitteln, der Preis sei enorm hoch. Noch ein Beispiel: Der Beitrag für ein Fitnessstudio. Was würden Sie sagen, welcher Preis klingt am »angenehmsten«? »Zwei € am Tag« oder »Sechzig € im Monat« oder »Siebenhundertzwanzig € im Jahr«?

Zwei Euro am Tag oder sechzig im Monat oder besser siebenhundertzwanzig im Jahr?

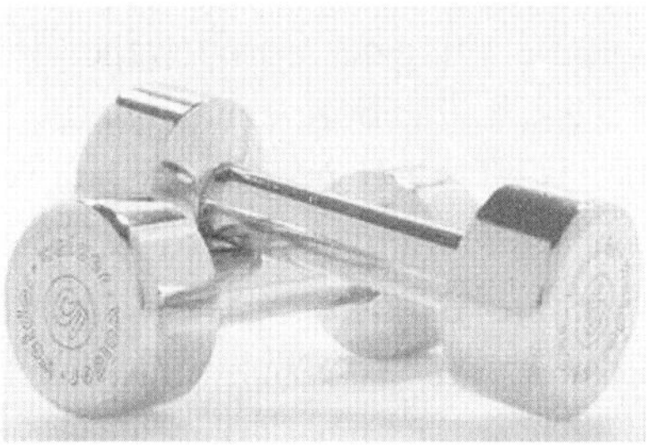

Für den Tagespreis spricht die kleine Zahl. Dagegen spricht, dass sich der Kunde in der Regel ohne Taschenrechner keine genaue Vorstellung von den Kosten machen kann. Normalerweise kalkuliert man seine Ausgaben auch nicht nach Tagen, sondern eher nach Monaten oder Wochen. Damit kann der Tagespreis Unsicherheit auslösen. Der Monatspreis liegt in der Mitte und ist überschaubar. Der Nachteil ist, dass die meisten Menschen ein Monatsgehalt bekommen und im Kopf den Beitrag sofort davon abziehen. Das Monatsgehalt wird kleiner. Der Jahresbeitrag hat zwar als Nachteil den höchsten Wert, vermittelt aber auch einen sehr großen »ich bekomme was« Zeitraum. Die meisten Menschen empfinden ein Jahr als extrem lange Zeiteinheit. Es ist also keine einfache Sache mit der Preiseinheit.

Überlegen Sie sich schon bei der Vorbereitung Ihrer Präsentation, welche sinnvollen Preiseinheiten Sie im Verkaufsgespräch nennen werden, und bedenken Sie, wie diese auf Ihre Kunden wirken.

Bei Preisen zwischen tausend und zweitausend sagen Sie besser »achzehnhundert €« als »tausendachthundert €.« Die Tausenderzahl klingt einfach teurer als die Hunderterzahl, auch wenn es derselbe Betrag ist.

Sandwich-Technik

Das Preis-Sandwich

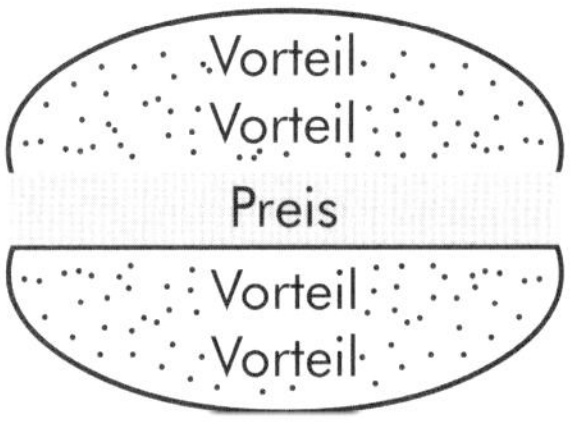

»Wieviel kostet dieser Recorder?« »Der Recorder kostet 145,- €!« Schweigen, Schweigen, bedrückendes Schweigen. Der Preis wird immer schwerer. Kunde: »Aha, ich muss es mir noch mal überlegen.«

Die Nennung des Eurobetrages ohne jede Erklärung wird als »nackte« Preisnennung bezeichnet. Diese »Nacktnennung« löst häufig verschiedene Gefühle beim Kunden aus, wie »Ganz schön teuer«, »Mein Geld ist weg«, »Mein Geld wird weniger.« Auch das Wort »kosten« ruft meist negative Assoziationen hervor: »Heizkosten«, »Fahrtkosten«, »Betriebskosten«. Auch das Schweigen nach der Preisnennung liegt wie Blei auf der Stimmung des Verkaufsgesprächs. Je länger das Schweigen dauert, desto tiefer brennt sich die negative »Geld ist weg«-Assoziation in die Verkaufssituation ein. Vermeiden Sie diese psychologische Negation der »nackten« Preisnennung und Kostenassoziation. Bloß wie?

Mit der sogenannten Sandwich-Technik. Bei der Sandwich-Technik wird die Preisnennung sanft in Vorteile und Nutzen für den Kunden eingepackt. »Dieser Recorder ist mit Show-View ausgestattet, das heißt, Sie brauchen sich um die Programmierung nicht zu kümmern, der Preis beträgt 145,- €, außerdem hat er eine eingebaute Festplatte, das bedeutet für Sie, dass Sie aufnehmen und schauen können wann Sie wollen.« Sie verbinden den Preis mit den Vorteilen Show-View und Festplatte und lösen so beim Kunden die Vorstellung aus, dass er etwas für sein Geld bekommt. Jetzt ist es wichtig, nicht zu schweigen, sondern eine Frage anzuschließen: »Wissen Sie vielleicht zufällig die Marke Ihres Fernsehers?«, um den Kunden noch auf die Möglichkeit hinzuweisen, mit einer Fernbedienung beide Geräte bedienen zu können.

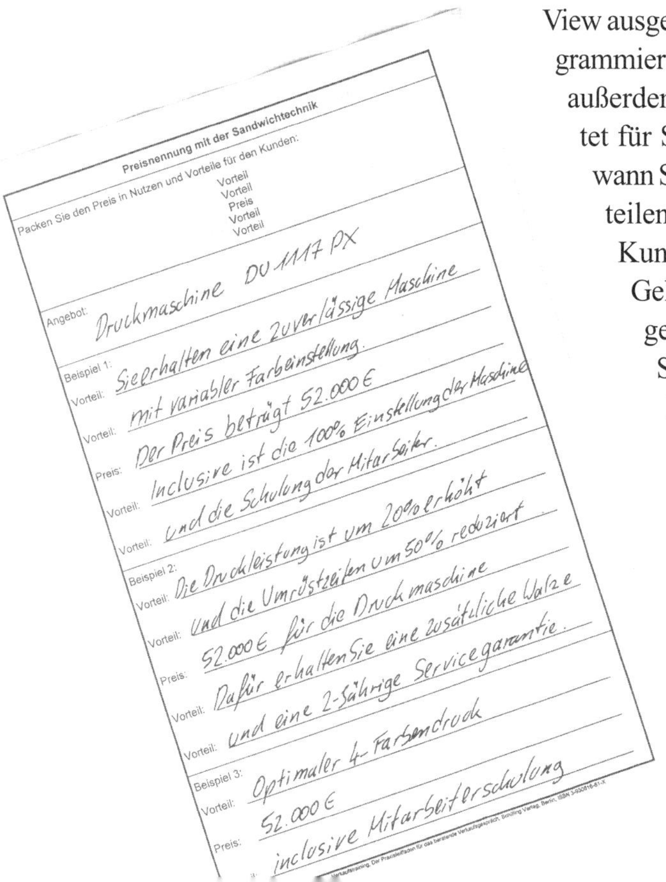

Preisnennung mit der Sandwichtechnik

Packen Sie den Preis in Nutzen und Vorteile für den Kunden:
Vorteil
Vorteil
Preis
Vorteil
Vorteil

Angebot: Druckmaschine DU 1117 PX

Beispiel 1:
Vorteil: Sie erhalten eine zuverlässige Maschine
Vorteil: mit variabler Farbeinstellung.
Preis: Der Preis beträgt 52.000 €
Vorteil: Inclusive ist die 100% Einstellung der Maschine
Vorteil: und die Schulung der Mitarbeiter.

Beispiel 2:
Vorteil: Die Druckleistung ist um 20% erhöht
Vorteil: und die Umrüstzeiten um 50% reduziert
Preis: 52.000 € für die Druckmaschine
Vorteil: Dafür erhalten Sie eine zusätzliche Walze
Vorteil: und eine 2-Jährige Servicegarantie.

Beispiel 3:
Vorteil: Optimaler 4-Farbendruck
Preis: 52.000 €
Vorteil: inclusive Mitarbeiterschulung

»Wieviel kosten mich denn jetzt die neuen Fensterrahmen?« »Sie erhalten eine wärmedämmende Dreiglasisolierung für 675,- € pro Fenster. Darin enthalten sind alle Montagearbeiten und eine fünfjährige Garantie. Für welche Räume planen Sie im ersten Schritt den Austausch der Fenster?« Der Kunde erhält etwas für sein Geld, und der Gesprächsfluss geht weiter.

»Was kosten denn die blauen Inlineskates?« »Die blauen Skates haben spezielle, langlebige Carbon-Kugellager, der Preis beträgt 320,- €, und als Aktion sind ein paar Handschützer mit dabei. Wie oft fahren Sie denn schätzungsweise pro Woche?« Auch das Dazugeben einer kostenlosen Zulage kann das Preis-Sandwich attraktiv machen.

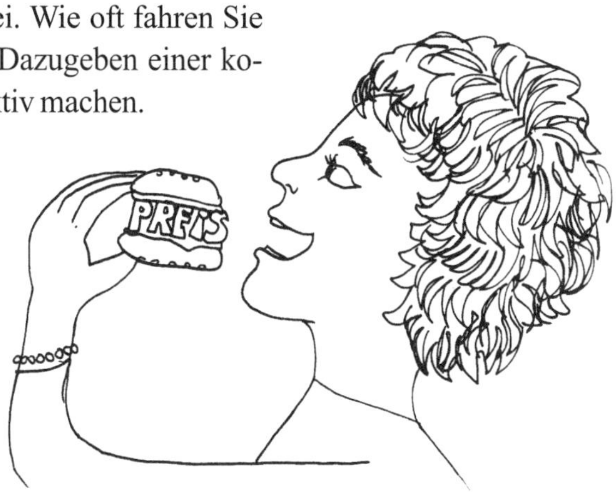

Machen Sie den »Preis-Hamburger« nicht zu dick. Ein, maximal zwei Vorteile vorweg und ein, zwei Vorteile hinterher. Auf jeden Fall muss nach der Preisnennung ein Nutzen oder Vorteil für den Kunden kommen. Der nackte Preis an sich sollte nicht am Ende des Satzes stehen.

Es kann Ihnen passieren, dass der Kunde nach so einer Preisnennung noch einmal fragt: »Wie war der Preis?« Das zeigt Ihnen, dass Ihr Preis-Sandwich für den Kunden schmackhaft war. Nennen Sie auch jetzt den Preis nicht nackt. Schieben Sie einfach ein dünneres Sandwich hinterher: »Mit langlebigen Carbon-Kugellagern 320,- € inklusive der stabilen Handschützer.«

Optimal ist natürlich, wenn Sie im Verkaufsgespräch die Vorteile und Nutzen »abspeichern«, die für Ihren Kunden besonders wichtig und interessant sind, und diese Vorteile bei der Preisnennung als »Sandwich-Füllung« nehmen. So lösen Sie beim Kunden umso stärker die Vorstellung aus, etwas für sein Geld zu bekommen.

Den Begriff »Kosten« können Sie ersetzen durch »Der Preis beträgt 123,- €« oder »Für 23,- € erhalten Sie ...«

Preisverhandlung

Wenn Sie bis zu dieser Phase im Verkaufsgespräch ein positives Klima aufgebaut haben, eine persönliche Beziehung zum Kunden hergestellt, eine vertrauensvolle Atmosphäre geschaffen haben und dem Kunden sympathisch sind, werden Sie in der Regel wenig Schwierigkeiten in der Preisverhandlung haben. Wirken Sie auf den Kunden unsympatisch und hat sich das Verkaufsgespräch bis zur Preisverhandlung eher als Kampf dargestellt, wird es jetzt nicht anders werden. Eine positive Gesprächsatmosphäre ist die Grundlage für eine gelungene Preisverhandlung. Häufig müssen Sie dann gar nicht verhandeln, sondern der genannte Preis wird sofort akzeptiert. Bei dem Thema Preisverhandlung gibt es zwei gegensätzliche Standpunkte. Die

- »Basar-Methode«
- und die »Fester-Preis-Methode«.

»Basar-Methode«

Ich war früher oft mit einem Stand auf Flohmärkten. Bei der »Preiskalkulation« wurde auch immer eine Spanne zum Feilschen eingeplant. Es gab einen Preis, der genannt wurde, und einen, unter den ich mich auf keinen Fall herunterhandeln lassen wollte. Zahlte jemand gleich den genannten Preis, hatte ich mehr als geplant in der Tasche. In manchen Kulturen gehört es zum guten Ton, um den Preis zu handeln, schon um den Verkäufer nicht zu beleidigen.

Das Handeln um den Preis kann Spaß machen, hinterlässt aber bei ernsthaften Preisverhandlungen oft einen faden Nachgeschmack. Sie haben sich »runterhandeln« lassen, und Ihr Kunde denkt vielleicht: »Hätte ich den vollen Preis bezahlt, hätte der Gauner mich doch glatt reingelegt« oder »Habe ich genug verhandelt, habe ich energisch genug gehandelt? Vielleicht hätte ich noch mehr herausholen können und habe doch wieder zuviel bezahlt.«

In manchen Situationen gehört das Verhandeln aber einfach dazu. Der Käufer möchte einen Rabatt, eine Zusatzleistung oder einen Preisnachlass. Ist das in Ihrer Branche üblich, haben Sie diese Spanne sicherlich schon einkalkuliert. Manchmal geht es dem Kunden auch einfach nur darum, in diesem Verhandlungsspiel zu gewinnen. Es geht gar nicht darum, riesige Rabatte zu bekommen, sondern irgendetwas zu »gewinnen«. Da gibt es die Geschichte von dem Autoverkäufer, der in solchen Fällen immer eine Tüte Gummibärchen dazugegeben hat, oder den Computerhändler, bei dem es zu jedem Computer ein Kilo Bananen gab. Na ja, zugegeben, vielleicht überzeugt das Ihre Kunden nicht. Ausprobieren. Aber die Zugabe eines Druckerkabels, eines Reinigungsmittels oder einer Ersatzrolle kann bei manchen Kunden die Kaufentscheidung beflügeln.

»Fester-Preis-Methode«

Was ist aber, wenn Sie einen festen Preis kalkuliert haben und keine Verhandlungsspanne bleibt? Verkäufer: »Wenn Ihnen der Preis nicht passt, kann ich es auch nicht ändern. Dann müssen Sie eben woanders kaufen«, wäre nicht die optimale Reaktion auf die Frage nach einem Preisnachlass. Seien Sie bestimmt und höflich und erklären Sie dem Kunden Ihre Beweggründe für den festgelegten Preis. Verkäufer: »Unsere Preise sind von Anfang an sehr knapp und fair kalkuliert, damit wir jedem Kunden einen günstigen Preis machen können. So sind Sie bei uns immer sicher, einen guten Preis zu bekommen.« Oder: »Unsere Preispolitik ist, dass jeder Kunde den gleichen günstigen Preis bezahlt. So können Sie sicher sein, dass niemand bessere Konditionen bekommt als Sie.«

Eine Kompromisslösung ist es, ein Stück weit mit dem Kunden zu verhandeln und ihm entgegenzukommen. Kunde: «Können Sie mir das nicht etwas billiger geben?« Mit der Erwiderung »Ich möchte Ihnen gerne entgegenkommen. Auf welche Leistung oder auf welches Merkmal könnten Sie denn am ehesten verzichten?« haben Sie zum einen die Chance klarzumachen, dass Ihr Produkt oder Ihre Leistung einen bestimmten Gegenwert hat, aber dass Sie auch bereit sind, das Angebot entsprechend zu modifizieren.

»Bei einer größeren Abnahmemenge kann ich Ihnen auch einen größeren Rabatt einräumen. Wäre das etwas für Sie?« Hier schaffen Sie sich auch nochmals einen Verhandlungsspielraum, ohne Ihre Preispolitik zu verlassen. Manchmal besteht auch die Möglichkeit, dem Kunden mit Zahlungsmodalitäten, der Garantiezeit oder der Serviceleistung entgegenzukommen.

Egal, welche Strategie Sie verfolgen, wichtig ist, dass Sie sich vorher darüber Klarheit verschaffen und sich ein Ziel setzen. Nur so können Sie in der Phase der Preisverhandlung authentisch und selbstbewusst agieren.

Preiseinwand »zu teuer«

»Oho, ganz schön teuer« oder »zu teuer« sind gefürchtete Kundeneinwände in der Preisverhandlung. Auch das Anführen der Konkurrenz, die natürlich viel billiger ist, kann eine schwierige Situation auslösen. Das Argument »zu teuer« wird auch deshalb gefürchtet, weil es von vielen Verkäufern als »Killerargument« des Kunden empfunden wird, auf das es keine Entgegnung gibt.

Auch kann man sich als Verkäufer oft nicht sicher sein, ob der Kunde nur ein billigeres Angebot anführt und er eigentlich kein billigeres Angebot hat. In dieser Phase des Verkaufsgesprächs kommt es darauf an zu erfahren, warum der Kunde »zu teuer« sagt.

Abstand zur Preisdiskussion

Hier gilt es zu erkennen, welche Vorstellung der Kunde vom Gegenwert des Produktes hat. Häufig hat der Kunde noch kein vollständiges Bild vom Gegenwert des Angebots und kommt deshalb zu der Vorstellung, dass das Angebot zu teuer sei. Vielleicht vergleicht er

Ihren Vorschlag mit dem Angebot eines Mitbewerbers, der weniger Serviceleistung anbietet. Dem Kunden ist der Unterschied aber noch nicht bewusst. Kein Wunder, dass ihm Ihr Vorschlag zu teuer ist.

Vielleicht sind dem Kunden die gebotene Qualität oder die Garantieleistungen noch unklar. Nur, wie kommen Sie an die Information, welche Angaben dem Kunden noch fehlen? Gute Fragen für Sie als Verkäufer sind: »Im Verhältnis wozu?« oder »Im Vergleich wozu?«. Sie werden merken, wie so mancher Kunde über diese Frage erstaunt sein wird. Aber in der Antwort liegt die Chance für Sie, die besonderen Merkmale Ihres Produktes oder Ihrer angebotenen Dienstleistung gezielt in einem Vergleich hervorzuheben und den Gegenwert des Angebotes deutlich zu machen.

Das Kernziel in dieser Verhandlungsphase ist es, wegzukommen von der reinen Preisverhandlung hin zur Sachargumentation über Leistungen, Qualität, Service und Nutzen. Es gilt, die ausschließliche Fixierung auf den Preis aufzulösen.

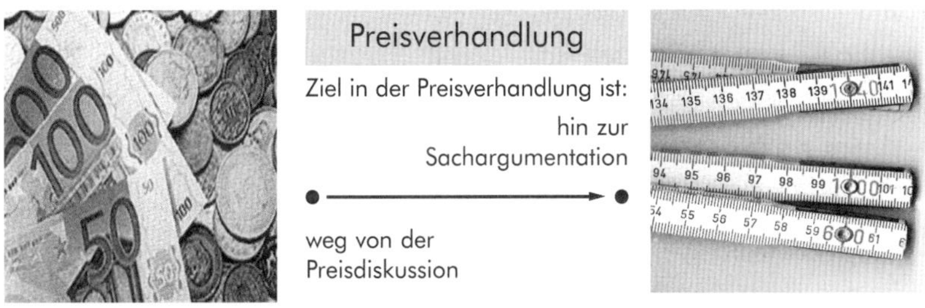

Kunde: »Ihre Konkurrenz bietet die Druckerpresse aber für 35.000,- € an.« Verkäufer: »Lassen Sie uns noch einmal in Ruhe die einzelnen Punkte des Angebotes vergleichen ...« Hier ist es wichtig, dass Sie sich auf Ihre Stärken gut vorbereitet haben und die Besonderheiten hervorheben.

Alleinstellungsmerkmal

Der einzige Eisenwarenladen am Klondike konnte seine Goldgräberschaufeln zu fast jedem beliebigen Preis anbieten. Und freundlich brauchte der Verkäufer auch nicht zu sein. Er hatte ein Monopol, denn der nächste Laden war vier Eselstage entfernt.

Anders sieht es mit einem Liter Milch in der Großstadt aus. Wird der Kunde in einem Laden schlecht behandelt oder ist es ihm zu teuer, bekommt er die Milch derselben Marke im Geschäft nebenan freundlicher und günstiger.

Im Marketing spricht man von den Extrempunkten »Monopol« wie bei dem Schaufelverkäufer am Klondike und »vollkommener Konkurrenz« wie bei der Milchtüte in der Großstadt. Meist liegt das Produkt, das angeboten wird, irgendwo zwischen diesen beiden Extrempunkten. Teilweise unterscheidet sich das Angebot nicht vom Mitbewerber, in anderen Teilen unterscheidet es sich ganz klar. Haben Sie wenig Unterscheidung zur Konkurrenz, wird auch von »metoo-Produkten« gesprochen, und Sie haben es umso schwerer, Ihre Kunden davon zu überzeugen, gerade bei Ihnen zu kaufen. Hier laufen viele Entscheidungen über den Preis. Aber nicht nur.

Nur selten haben Sie so eine Monopolstellung wie dieser Eisverkäufer.

Überlegen Sie doch einmal, wo Sie Ihr Produkt auf der Skala einordnen würden. In welchen Punkten unterscheidet es sich von dem des Mitbewerbers? Die Punkte, in denen sich Ihr Produkt eindeutig von dem des Mitbewerbers unterscheidet, nennen sich auch Alleinstellungsmerkmale, neudeutsch »unique selling points«. Zur guten Vorbereitung gehört eine Liste mit Alleinstellungsmerkmalen, die Sie überzeugend präsentieren können, wenn das Gespräch auf ein scheinbar gleichwertiges Konkurrenzprodukt kommt.

Mitbewerberkontinuum

Mit Alleinstellungsmerkmalen unterscheiden Sie sich vom Mitbewerber.

Hier einige Beispiele von Wettbewerbsvorteilen gegenüber dem Mitbewerber, die Sie mit konkreten Angaben über Ihr Produkt füllen können:

- Qualität
- Service
- Preis-Leistungs-Verhältnis
- Nachkaufsicherheit
- Erfahrung
- Liefertreue
- Kundennähe
- Kulanz ...

9

Abschluss

Entscheidender Meilenstein im Verkaufsgespräch

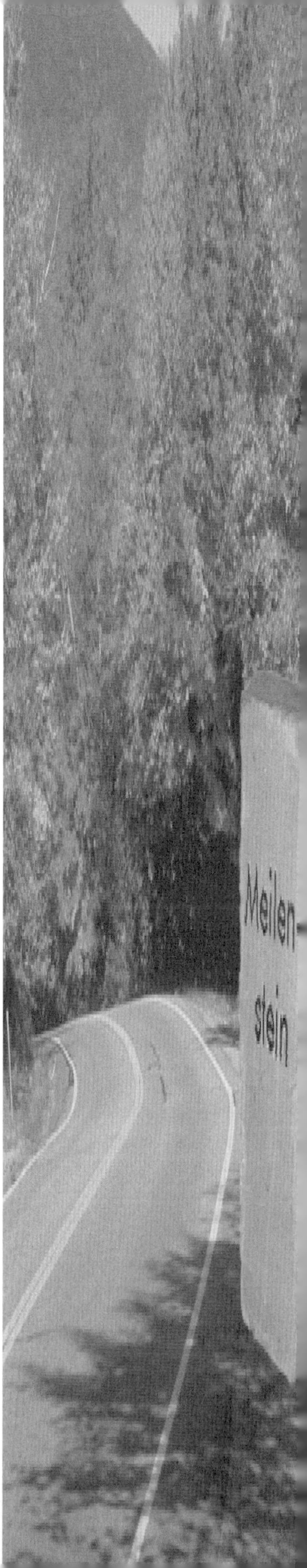

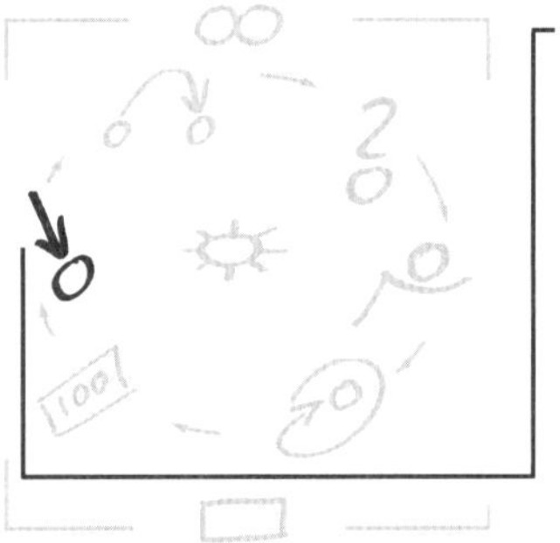

Der Verkaufsabschluss als entscheidender Meilenstein im Verkaufsgespräch

9 Abschluss

Der Abschluss. Eine knifflige Sache. Hier heißt es, dem Kunden eine Entscheidungshilfe zu geben. Zu erkennen, wann der Kunde die Entscheidung treffen will oder ob er sie vielleicht schon getroffen hat und ihn dabei zu unterstützen. Vielleicht ist „Abschluss" auch nicht das richtige Wort, denn ist die Käufer-Verkäufer-Beziehung mit dem Kauf wirklich abgeschlossen? Eigentlich sollte es ja nach dem Kauf mit einer intensiven Kundenbindung erst richtig losgehen.

Mehr zur Entwicklung einer langfristigen Kundenbindung im Kapitel 10. Aber ganz klar, die Kaufentscheidung ist ein wichtiger Meilenstein im Verkaufsgespräch und deshalb behalte ich den Begriff Abschluss oder Verkaufsabschluss in diesem Kapitel bei, auch wenn damit die Beziehung zum Kunden nicht abgeschlossen ist.

Entscheidungshilfe

Viele mögliche Verkaufsabschlüsse werden in der letzten Phase des Verkaufsgesprächs noch zerredet. Der Kunde hat sich »eigentlich« schon entschieden, wird dann aber vom Verkäufer vom endgültigen Schritt, etwas zu kaufen, wieder abgebracht.

Kunde: »Ja, ich glaube, das blaue Hemd gefällt mir am besten!« »Na, das graue Hemd hat Ihnen aber auch ganz gut gestanden, oder?« Und schon ist die Entscheidung wieder weg. Entscheidungen fällen ist schwer. Viele Kunden möchten eine kleine, manchmal auch eine große Hilfe für eine Kaufentscheidung, ein wenig Sicherheit, dass sie die richtige Wahl getroffen haben, und eine Bestätigung ihrer Entscheidung. Es ist Ihre Aufgabe als Verkäufer, dem Kunden Entscheidungssicherheit zu geben.

Sie haben in einem Verkaufsgespräch die Bedürfnisse erfragt, haben dem Kunden ein Angebot präsentiert und das Für und Wider dargestellt. Dem Kunden gefällt das Angebot. Jetzt wollen Sie natürlich

Dieser Kunde braucht eine Entscheidungshilfe.

auch den Verkauf tätigen. Versuchen Sie nicht, den Kunden zu früh zu einer Entscheidung zu drängen. Geben Sie ihm Raum und warten Sie auf seine Kaufsignale.

Typischerweise läuft der Abschluss in folgenden Schritten ab:

- Kaufsignale
- Reaktionsauslöser
- Abschlussentscheidung
- Entscheidung bestätigen

Typischer Abschluss

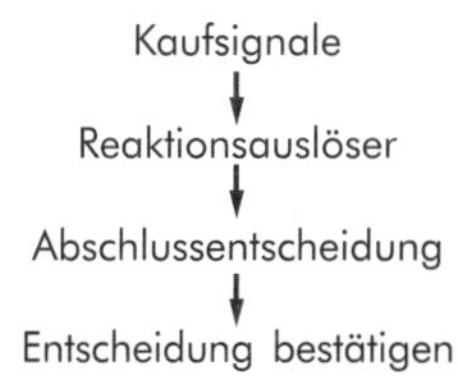

Auf die Besonderheiten in den vier Phasen wird im Laufe des Kapitels noch eingegangen.

»Sind Sie entscheidungsfreudig?« »Weiß nicht.« Es soll Menschen geben, die etwas länger brauchen, um sich für oder gegen etwas zu entscheiden. Manche Kunden können sich einfach ganz schwer entscheiden und brauchen Zeit für ihre Überlegungen.

Geben Sie Ihrem Kunden Raum, sich in Ruhe und überlegt zu entscheiden. Es ist nicht ganz einfach, den Grat zu finden zwischen

Hilfe bei der Entscheidung und der Ausübung von unangenehmem Druck. »Ich kann mich noch nicht entscheiden.« »Da muss ich erst meinen Partner fragen« oder »Ich glaube, eine Nacht muss ich schon noch darüber schlafen.« Solche Aussagen können Scheineinwände sein, hinter denen etwas ganz anderes steckt, als vordergründig geäußert wird. Mehr zum Thema Einwände finden Sie im Kapitel 7.

Es kann aber auch ein echtes Bedürfnis sein, eine Bedenkzeit zu bekommen. Äußern Sie in einem solchen Fall Verständnis. Bieten Sie noch einmal Ihre Hilfe bei der Entscheidungsfindung an, setzen Sie aber Ihren Kunden nicht unter Druck. Bieten Sie zum Beispiel an, die Ware für eine bestimmte Zeit zurückzustellen oder schreiben Sie die genauen Daten auf, die sich bisher im Verkaufsgespräch ergeben haben. Finden Sie einen positiven Abschluss und sagen Sie dem Kunden, dass Sie sich freuen, wenn er wiederkommt. Fühlt sich der Kunde in solchen Situationen gut bei Ihnen aufgehoben, wird er mit Sicherheit wiederkommen.

Achten Sie darauf, wann die »Kaufsignalampel« auf grün springt.

»Kein Problem, ich kann gut verstehen, dass Sie noch etwas Bedenkzeit brauchen. Ich gebe Ihnen den Prospekt mit, in dem wir uns schon angeschaut haben, was für Sie in Frage kommt. Die entsprechenden Stellen haben ich ja bereits für Sie markiert. Moment, ich schreibe Ihnen noch die Telefonnummer und meinen Namen darauf. Rufen Sie mich gerne an, wenn sich noch Fragen ergeben.«

Kaufsignale

Am einfachsten ist es, wenn der Kunde sagt: »Ich habe mich für das blaue Rennrad entschieden!« und Sie brauchen nur zu entgegnen: »Gut, da haben Sie eine exzellente Wahl getroffen.« Aber Sie glauben gar nicht, wie viele Abschlüsse auch in dieser Phase noch zerredet werden: »Wollen Sie sich das rote Rad nicht doch nochmal anschauen?«

Häufig sind die Kaufsignale allerdings verdeckter und subtiler. Diese gilt es zu erkennen um dann unterstützend auf den Kunden einzugehen. Wichtig ist aber auch, dass Sie nicht zu früh im Verkaufsgespräch auf einen Abschluss zusteuern. Hat der Kunde noch keine Entscheidung gefällt und Sie drängen auf einen Abschluss, »Na, was ist denn nun? Für was haben Sie sich denn jetzt entschieden? Den Tramper- oder den Trekking-Rucksack? Was soll's denn nun sein?«, fühlt sich der Gesprächspartner berechtigterweise unangenehm unter Druck gesetzt. Auf der anderen Seite ist es wichtig für Sie, die Kaufsignale rechtzeitig zu erkennen, um eine getroffene Entscheidung nicht wieder zu gefährden. Aber wie können solche Kaufsignale aussehen? Typische Kaufsignale kann man in die folgenden Kategorien einteilen:

- Nonverbale Kaufsignale
- Verbale Kaufsignale
- Kleine Hürden als Kaufsignal

Nonverbale Kaufsignale

Es gibt recht deutliche Kaufsignale in der Körpersprache. Wenn der Kunde zum Beispiel auf Sie zukommt und sich körpersprachlich nach vorne beugt, kann das eher ein Zeichen für eine Entscheidung sein, als wenn er sich zurücklehnt. Oder Sie haben eine Auswahl von Fotoapparaten auf dem Verkaufstisch. Der Kunde nimmt einen von selbst in die Hand und beschäftigt sich länger damit. Das zeigt schon ein starkes Interesse an dem Produkt.

Verbale Kaufsignale

Verbale Kaufsignale sind zum Beispiel Fragen nach Details oder wenn andere zu Rate gezogen werden. »Petra, komm mal her, meinst du nicht auch, dass die blaue Krawatte am besten passt?«

Es kann auch sein, dass der Wunsch nach einer Entscheidung geäußert wird, »Tja, ich würde mich jetzt schon gerne für das Cabrio oder den Van entscheiden.«

Häufig werden die Kaufsignale auch ganz direkt und offen geäußert: »Ich glaube, das nehme ich.« »Genau das ist es, was ich gesucht habe.« Aber auch in diesem Fall ist Vorsicht geboten, um die Kaufentscheidung nicht durch weitere verwirrende Produkthinweise oder Gesprächspausen zu gefährden. Erkennen Sie die Entscheidung des Kunden und gehen Sie sicher auf den Verkaufsabschluss zu.

Kleine Hürden als Kaufsignal

Häufig trifft der Kunde keine klare Kaufentscheidung, sondern meldet noch kleine Zweifel oder Fragen an. Wenn Sie versuchen, die Zweifel mit einer Argumentationsflut wegzuschwemmen, ersticken Sie die Kaufentscheidung im Keim. Geben Sie kurze Antworten, die die Bedenken des Kunden zerstreuen, und gehen Sie anschließend gleich zum Abschluss über.

Kaufsignale sind kleine, vom Kunden geäußerte Hürden, über die Sie ihm hinüberhelfen sollten. Er möchte noch einmal seine Entscheidung bestätigt bekommen.

»Sind Sie sicher, dass ich mit der Handhabung der Programmierung klarkomme?« »Was mache ich, wenn die Schraube dann doch nicht passt?« »Was meinen Sie, ist das das richtige Buch für eine Siebenjährige?« Das könnten kleine Hürden sein, bei denen der Kunde noch eine Entscheidungsunterstützung von Ihnen wünscht. »Mit dem Fernseher erhalten Sie eine ausführliche, bebilderte Anleitung. Falls es tatsächlich Probleme geben sollte, was ich nicht glaube, dann rufen Sie mich einfach an.« »So, wie Sie mir die Situation geschildert haben, ist das genau die richtige Stärke. Falls es doch nicht passt, kommen Sie einfach zum Umtauschen. Das ist überhaupt kein Problem. Ich werde das auf dem Kassenzettel vermerken.« »Natürlich sind die Geschmäcker verschieden, aber eine Bekannte von mir hat ihrer Nichte dasselbe Buch zu Ostern geschenkt, und die hat sich sehr darüber gefreut.«

So, und jetzt keine Sprechpause machen. Nach dem Helfen über die Hürde nicht warten und schweigen. Denn dann äußert der Kunde die nächste Hürde: »Ja, aber ich habe immer solche Schwierigkeiten beim Lesen von Gebrauchsanweisungen. Und wenn ich dann etwas falsch mache, was dann?«

Vom Kunden geäußerte kleine Hürden sind häufig Kaufentscheidungen, die Sie erkennen können.

Auch wenn Sie diese Hürde gemeinsam überwinden und wieder eine Sprechpause machen und warten, kommt garantiert die nächste Hürde. Der Kunde möchte eine Entscheidungshilfe. Geben Sie eine kurze Unterstützung und machen Sie den Abschluss.

»Die beiliegende Gebrauchsanweisung ist übersichtlich mit zahlreichen Bildern gegliedert. Und wenn es doch noch eine Frage geben sollte, rufen Sie einfach die Hotline-Nummer an. Die Kollegen werden Ihnen dann freundlich helfen. Soll ich Ihnen die Nummer gleich hier auf den Karton schreiben?«

Reaktionsauslöser

Nach einem Kaufsignal können Sie einen Reaktionsauslöser starten, der beim Kunden das innerliche Ja zur Kaufentscheidung auslöst. Typische Reaktionsauslöser sind:

- Positive Zusammenfassung
- Letztes Argument / Zusatznutzen
- Direkte Aufforderung

Positive Zusammenfassung

Nach einem umfassenden Verkaufsgespräch zeigt Dagmar starkes Interesse an der neuen Eigentumswohnung. »U-Bahnanschluss, Südseite, der bequeme Aufzug und die große Terrasse, wirklich eine schöne Wohnung. Wann haben Sie denn nächste Woche Zeit, um die Formalien zu erledigen?« »Von mir aus gleich Montag Morgen.« »Gut, dann kommen Sie am besten Montag um zehn in mein Büro. Ich kann mir schon richtig vorstellen, wie Sie auf der Terrasse die Sonne genießen. Da haben Sie eine gute Wahl getroffen.«

Sind die Kaufsignale ganz klar, schnüren Sie einfach das Paket zu und machen den Verkaufsabschluss. Der Einstieg kann über eine positive Zusammenfassung gehen. Wiederholen Sie kurz die Vorteile, die dem Kunden besonders wichtig sind. Häufig möchte der Kunde am Ende des Verkaufsgesprächs die Vorteile und den Nutzen zusammengefasst in einer übersichtlichen und klaren Form präsentiert bekommen. Jetzt kann er sich leichter zu einem Ja entscheiden.

Letztes Argument/Zusatznutzen

Das berühmte As im Ärmel. Wenn Sie zum Schluss ein Hauptargument hervorheben oder etwas Besonderes bieten, eventuell eine Zugabe oder einen interessanten Zusatznutzen, kann das die Kaufentscheidung bringen. Gerade, wenn der Kunde innerlich mit seiner Entscheidung schon sehr weit ist, kann ein besonderer Vorteil das Korn sein, welches die Entscheidungswaage zum Ausschlag in Richtung »Ja« veranlasst.

Direkte Aufforderung

Manchmal darf man sich auch nicht scheuen, den Kunden direkt zum Kauf aufzufordern. Natürlich müssen Sie hier das sichere Gefühl haben, dass der Kunde sich schon entschieden hat. Im Laufe des Gesprächs haben Sie den Eindruck bekommen, dass der Kunde sich sehr für das Angebot interessiert. Sie haben alle Fragen und Bedenken ausgeräumt. Jetzt kann eine direkte Aufforderung die Entscheidung bringen: »Offensichtlich haben Sie die beste Lösung für Ihr Problem gefunden.«

Abschlussentscheidung

In der Phase Abschluss geht es darum, eine Entscheidung von dem Kunden zu erhalten. Je nach Reaktionsauslöser bieten sich unterschiedliche Abschlussmethoden an:

- Abschlussfrage
- Direkter Abschluss
- Doppel-P-Methode

Abschlussfrage

Nach einer positiven Zusammenfassung passt in der Regel gut eine Abschlussfrage. Der Abschluss wird dabei als direkte Frage formuliert. Gute Abschlussfragen sind sogenannte Abwicklungsfragen: »Wie soll es weitergehen?« Zum Beispiel: »Wollen Sie die Schuhe gleich anbehalten? Dann packe ich Ihnen Ihre anderen Schuhe ein.« Kunde: »Och ja, die behalte ich gleich an.« Oder Sie fragen nach der finanziellen Abwicklung: »Wollen Sie gleich mit Scheck bezahlen, oder sollen wir Ihnen eine Rechnung zuschicken?« »Ich bezahle gleich, dann ist das erledigt.«

Noch ein Beispiel: »Möchten Sie, dass wir Ihre alte Waschmaschine bei der Anlieferung gleich mitnehmen? Das ist ein kostenloser Service für Sie.« »Ja, das ist eine gute Idee.«

Direkter Abschluss

Signalisiert der Kunde eine deutliche Kaufentscheidung, bestätigen Sie diese einfach durch einen direkten Abschluss. »Gut, dann notiere ich 20 Stück von der grünen Lampe.« Häufig reicht es auch aus, einfach zu handeln, das heißt das Stück zu überreichen, zur Kasse zu gehen oder etwas einzupacken.

Doppel-P-Methode

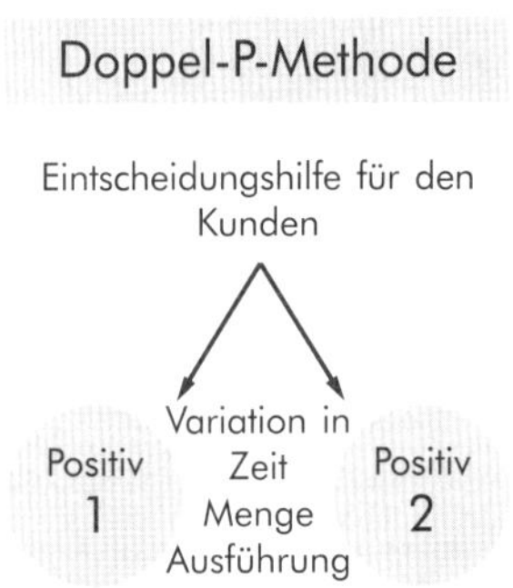

Wenn Sie dem Kunden zum Ende des Verkaufsgesprächs eine »Ja-Nein«-Kaufentscheidungsfrage stellen, werden Sie häufig ein Nein als Antwort erhalten. Nach dem Motto: »Kaufen Sie jetzt das Haus?« »Nein, ich glaube, das muss ich mir nochmal überlegen.«

Woran liegt das? Entscheiden ist schwer, und wenn wir uns zwischen Ja und Nein entscheiden sollen, entscheiden wir uns im kleinsten Zweifelsfall für Nein. Stellen Sie sich die »Ja-Nein«-Entscheidung auf einer Skala vor. Auf der einen Seite Ja, auf der anderen Nein. »Ja« sagen wir nur, wenn es hundertprozentig Ja ist, sobald wir auch nur einen Millimeter vom Ja abweichen, sagen wir eher »Nein«. Deshalb liegt die Wahrscheinlichkeit bei einer »Ja-Nein«-Auswahlmöglichkeit viel näher beim Nein.

Haben Sie das Gefühl, dass Ihr Kunde nur noch eine Entscheidungshilfe benötigt, können Sie die Doppel-P-Methode einsetzen. Sie bieten zwei positive Möglichkeiten zur Auswahl. Der Kunde steht somit nicht mehr vor einer Ja-Nein-Entscheidung, sondern hat die Wahl zwischen zwei positiven Alternativen. Sie fragen nicht mehr ob, sondern in welcher Form der Kunde das Produkt oder die Dienstleistung wünscht. Variationsmöglichkeiten bestehen zum Beispiel in Form, Farbe, Ausführung, Zeit oder Anzahl. Diese Technik wird auch als Wechselfrage oder Wechselwahl bezeichnet. Setzen Sie diese Methode aber erst ein, wenn Sie das Gefühl haben, dass die innere Entscheidung beim Kunden schon gefallen ist und er nur noch eine Entscheidungshilfe benötigt.

»Möchten Sie das Fahrrad mit der blauen oder roten Lackierung?« »Nehmen Sie jetzt zu dem Drucker das Kabel, das dabei ist, oder besser doch das mit drei Metern?« »Was spricht Sie jetzt spontan mehr an, die Garnitur hier oder die, die wir uns eben angeschaut haben?« »Das Gitter für die Siebmaschine eher in 20 oder 50µ?« »Wollen Sie die Software selber installieren oder lieber den PC mit der vorinstallierten Variante?«

Meist entscheidet sich der Kunde für die letztgebotene Variante. Deshalb kann es eine zusätzliche Hilfestellung sein, zuerst die etwas unbequemere oder ungünstigere Variante zu nennen und dann die, für die sich der Kunde wahrscheinlich entscheiden wird.

Wichtig ist, dass sich der Kunde in dieser Situation nicht unter Druck gesetzt oder übergangen fühlt. Da diese Methode sehr häufig »zu früh« im Verkaufsgespräch eingesetzt wird, reagieren manche Kunden sehr empfindlich darauf. Ein Klassiker, der ein wenig die Drucksituation deutlich macht, die diese Frage auslösen kann, ist: »Möchten Sie eine kleine oder eine große Portion Sahne zu Ihrem Eis?« Die gebotenen Alternativen müssen sich als wirkliche Alternativen aus dem Verkaufsgespräch ergeben haben.

Die Doppel-P-Methode ist auch eine gute Möglichkeit, zu einer Abwicklungsfrage überzugehen: »Soll ich Ihnen das Radio einpacken oder wollen Sie es so mitnehmen?« »Wollen Sie die Waschmaschine selber abholen oder sollen wir Sie Ihnen vorbeibringen?«

Zusatzverkauf

Bernd fährt im nächsten Monat nach Tunesien in den Urlaub. Nach einem guten Beratungsgespräch in einem Fotogeschäft hat er sich ganz bewusst für eine analoge Kamera entschieden. »Wollen Sie vielleicht gleich ein paar Filme mitnehmen? Für Außenaufnahmen wären ASA 200 genau richtig.« »Oh ja, gerne.«

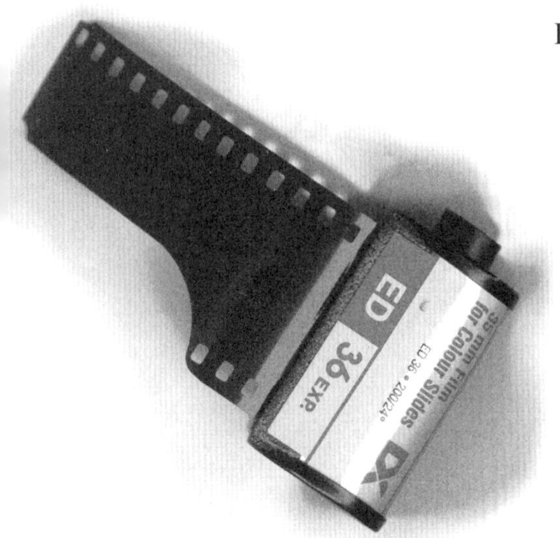

Beim Zusatzverkauf bieten Sie dem Kunden etwas an, was er zusätzlich benötigen könnte. Häufig sind Ihre Kunden sehr froh, noch an Ersatzbatterien, Pflegemittel, Anschlusskabel oder Speicherkarte erinnert zu werden. Zum Auto passt eine Zusatzversicherung, zu den neuen Schuhen eine spezielle Pflegecreme, zum Urlaub eine Reiserücktrittsmöglichkeit oder zur Fräsmaschine der Servicevertrag und die Mitarbeiterschulung.

Auch können Sie dem Kunden einen mengenmäßigen Zusatzverkauf anbieten. Dabei verdeutlichen Sie die Vorteile, wenn er eine größere Menge abnimmt. »Eine größere Packung ist im Preis günstiger, und Sie haben gleich einen Vorrat im Haus.«

Manchmal ist ein Kunde durch die soeben getroffene Kaufentscheidung auch in der Stimmung, sich noch für ein ganz anderes Produkt zu interessieren. Aus dem Verkaufsgespräch haben Sie vielleicht Anhaltspunkte für die Interessenlage Ihres Kunden erhalten und können ihn auf ein anderes interessantes Angebot hinweisen.

Überlegen Sie im Vorfeld, welche Leistungen Sie zusätzlich zu Ihrem Produkt oder Ihrer Dienstleistung anbieten können.

Entscheidung bestätigen

Man sagt, richtig gekauft ist etwas erst, wenn der Kunde zuhause ist, das Gekaufte benutzt, zufrieden ist, es seinem Partner und seinen Freunden vorgestellt hat und diese ihn im Kauf bestätigt haben. Gerade Kunden, denen die Entscheidung schwer gefallen ist, wollen gerne bestätigt bekommen, dass ihre Entscheidung die richtige war. Hier können Sie nach dem Verkaufsabschluss nochmals eine Bestätigung geben.

Positiv abschließen

»Schön, dass Sie bei uns waren« oder »Wenn sich noch Fragen ergeben, rufen Sie mich gerne an.« Schließen Sie das Gespräch mit einer positiven Bemerkung ab. Verabschieden Sie den Kunden möglichst mit Nennung seines Namens. Geben Sie ihm das Gefühl, dass er jederzeit wieder bei Ihnen willkommen ist.

10

Anschluss

Beginn einer langfristigen Kundenbindung

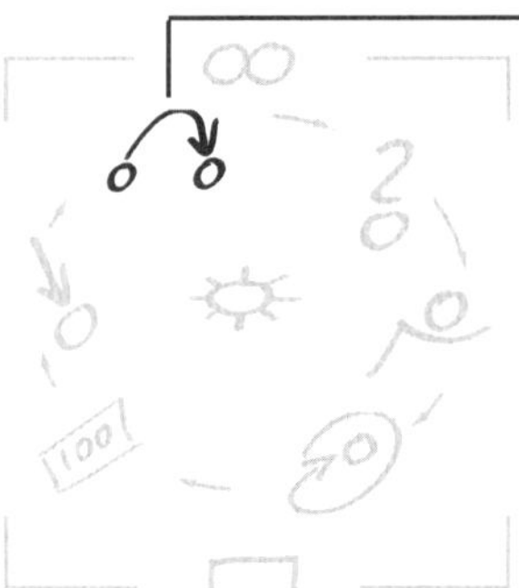

10 Anschluss

Ein Verkaufsabschluss ist der Beginn einer langfristigen Kundenbindung im Anschluss.

Wie im Kapitel 9 schon erwähnt, ist das, was man im allgemeinen als Verkaufsabschluss bezeichnet, natürlich nicht das Ende der Beziehung zum Kunden. Denn das wäre sehr schade. Der getätigte Verkauf sollte frei nach Humphrey Bogart »der Beginn einer wunderbaren Freundschaft« sein. Nach dem Verkauf sind Sie nicht froh, den Kunden wieder los zu sein, sondern sehen den Verkaufsabschluss als Anfang einer langfristigen Kundenbindung. Das Ziel ist, eine langfristige Verkäufer-Kunden-Beziehung aufzubauen. Die gute Beratung und die richtige Kaufentscheidung des Kunden sind die Grundlagen dieser Beziehung.

Einen Neukunden zu gewinnen ist sechsmal aufwendiger, als einen Kunden zu halten. Stecken Sie also nicht Ihre ganze Energie in die Neukundenakquise, sondern denken Sie auch an die Pflege Ihrer Stammkunden. Es ist wesentlich schwieriger, einen neuen Kunden zu werben als einen bestehenden zu halten. Zudem ist es extrem schwierig, einen einmal verärgerten Kunden zurückzugewinnen. Er hat mit Ihnen, Ihrer Firma oder dem Produkt schlechte Erfahrungen gemacht und muss doppelt überzeugt werden, wenn Sie ihn zurückgewinnen wollen.

Aufwand für die Kundenbindung und Kundengewinnung

Einen bestehenden Kunden positiv zu binden ...

1x

Einen neuen Kunden zu gewinnen ...

6x

Einen verärgerten Kunden zurückzugewinnen ...

12x

Nach einem Verkauf oder Erstkontakt gibt es vier typische Situationen, die Sie mit dem Kunden wieder in Kontakt bringen:

- Nachfassen
- Betreuen
- Aufmerksamkeitskontakt
- Reklamationen

Nachfassen

»Ich brauche Zeit um mir das noch mal durch den Kopf gehen zu lassen« oder »Im Moment haben wir keinen Bedarf, vielleicht später.« Haben Sie ein Verkaufsgespräch so beendet, das heißt, es ist nicht zu einem Abschluss gekommen, lohnt es sich immer, mit dem Kunden nochmals Kontakt aufzunehmen. Das bezeichnet man als Nachfassen. Nachfassen, das Wort klingt zunächst komisch. So bezeichnet man die wichtigen Aktionen, bei denen Sie nach dem ersten Angebot ein weiteres Mal Kontakt zu Ihrem Kunden aufnehmen.

Das gilt ebenso, wenn Sie ein schriftliches Angebot eingereicht oder Prospekte zugesandt haben, dann sollten Sie nicht ewig warten, bis der Kunde sich von selber meldet, wenn er das überhaupt jemals macht. Melden Sie sich bei Ihrem Kunden, können Sie nur gewinnen.

Dieses Nachfassen wird von vielen Verkäufern als schwierig empfunden. Sie befürchten, dem Kunden auf die Nerven zu gehen oder ihn zu belästigen. Das ist selten der Fall. Der Kunde ist häufig regelrecht darauf angewiesen, dass neue Vorschläge unterbreitet werden, dass er auf Neuerungen hingewiesen und auf Veränderungen aufmerksam gemacht wird.

Oft ist Ihr Kunde wieder in sein Tagesgeschäft eingebunden und dankbar, dass Sie sich melden und ihn an das Gespräch erinnern. »Ah, gut, dass Sie anrufen. Ich wollte mich ja schon bei Ihnen melden, aber irgendwie ist mir immer etwas dazwischen gekommen.« Wenn Sie sich beim Kunden melden, ist es wichtig, dass Sie ihm nicht das Gefühl geben, ihn unter Druck zu setzen.

»Guten Tag, Herr Schmidt. Frau Heller von der Firma Zuber. Ich war letzte Woche bei Ihnen und wollte mich mal erkundigen, ob Sie schon Zeit gefunden haben, in das Angebot zu schauen?« Hatte der

Kunde noch keine Zeit, lassen Sie sich nicht darauf vertrösten, dass er sich schon meldet, denn das tut er in der Regel nicht, weil er wieder vom Alltag abgelenkt wird, sondern bleiben Sie selbst in der aktiven Rolle: »Wann kann ich mich wieder bei Ihnen melden?« oder »Sind Sie einverstanden, wenn ich versuche, Sie Anfang nächster Woche zu erreichen?«

Betreuen

»Falls es wider Erwarten Probleme gibt, kommen Sie einfach vorbei.« »Unser Ziel ist, dass Sie zufrieden sind. Wenn sich noch Fragen ergeben, rufen Sie mich gerne an.« Vermitteln Sie dem Kunden das Gefühl, dass Sie auch nach dem Kauf noch für ihn da sind und ihm mit Rat und Tat zur Seite stehen. Das Angebot, den Kunden zukünftig über Neuerungen zu informieren, wird ebenfalls von vielen dankbar angenommen.

Verkauf lebt immer mehr davon, dem Kunden auch nach dem eigentlichen Produktverkauf eine umfangreiche Serviceleistung anzubieten. Für den Verkäufer ist es wichtig, dafür zu sorgen, dass der Kunde wiederkommt und nicht das Produkt.

Überlegen Sie, welche Serviceleistungen Sie dem Kunden bieten können. Wie können Sie nach dem Abschluss mit dem Kunden in Kontakt bleiben und ihn an sich binden?

Hier ein paar Beispiele, wie Sie mit Ihrem Kunden über eine Betreuung in Kontakt bleiben können:

- Information über Neuerungen
- Automatische Updates
- Reinigungsarbeiten
- Wartungsarbeiten
- Newsletter

Aufmerksamkeitskontakt

Viele Kunden wechseln die Marke, den Laden oder den Verkäufer, weil sie sich vernachlässigt fühlen. Gerade in Branchen, in denen Sie einen kleinen, aber wichtigen Kundenkreis haben, bei denen der Beratungsaufwand intensiv und das Umsatzvolumen entsprechend hoch ist, lohnt sich ein engagierter Kontaktaufwand. Aber auch in anderen Bereichen können kleine Aufmerksamkeiten die Beziehung festigen. Klassisch ist, dem Kunden zum Geburtstag zu gratulieren. Aber es gibt auch andere Gelegenheiten, dem Kunden etwas Gutes zu wünschen.

Kontaktmöglichkeiten mit dem Kunden sind zum Beispiel:

- Geburtstag des Kunden
- Geburtstag von Verwandten des Kunden (Frau, Kinder ...)
- Hochzeitstag
- Karriereschritt
- Dauer der Zusammenarbeit
- Firmenjubiläum

Auch zu Weihnachten, Ostern oder anderen wichtigen Feiertagen können Sie Ihrem Kunden eine Grußbotschaft zukommen lassen.

Zur besseren Organisation dieser Informationen ist es sinnvoll, wenn Sie sich ein Karteikartensystem einrichten, in dem die Daten gespeichert sind. Eine EDV- Datenbank tut in diesem Zusammenhang gute Dienste.

Systematisieren Sie Ihre Kundenpflege, damit Sie regelmäßig mit jedem Kunden in Kontakt treten können. Verlassen Sie sich nicht darauf, dass Sie schon ab und zu daran denken werden. Planen Sie ein festes System zur Pflege der Kundenkontakte.

Reklamationen

Eine Reklamation ist die beste Chance, eine positive Kundenbindung zu erreichen. Es gibt eine Untersuchung, die besagt, dass der Auslöser, wieder dieselbe Marke zu kaufen, am größten ist, wenn ein Problem mit der gekauften Ware zufriedenstellend mit dem Unternehmen geklärt werden konnte. Also nicht, wenn der Anrufbeantworter immer treu seinen Dienst tut, sondern wenn es Probleme gab und diese kundenorientiert gelöst worden sind. Problemlösungen werden beim Kunden positiv abgespeichert und sind starke Auslöser für eine neue Kaufentscheidung.

Hierzu gibt es eine kleine Geschichte. Eine Firma, die Kompressoren herstellt und vertreibt, hatte ganz bewusst ein Teil eingebaut, von dem sie wusste, dass es nach zwei, drei Wochen zum Ausfall der Maschine führen würde. Nach dieser Zeit riefen die Kunden erbost über den Defekt bei der Firma an. Jetzt konnte diese zeigen, wie freundlich, schnell und kulant sie auf solche Kundenprobleme reagiert. Die Servicetechniker waren innerhalb kürzester Zeit mit dem natürlich vorrätigen Ersatzteil zur Stelle und konnten die Maschine kostenfrei reparieren. Von dieser Demonstration eines Kundenservice versprach man sich eine höhere Kundenbindung, als wenn der Servicetechniker nie gebraucht worden wäre.

Die Methode ist nicht unbedingt nachahmenswert, aber was wir daran sehen können, ist, dass eine Reklamation eine echte Chance zur Kundenbindung ist. Man sagt auch, dass nichts besser im Bewusstsein des Kunden haften bleibt als eine zufriedenstellend ausgeführte Reklamation. Ein positiver Umgang mit Reklamationen kann die Basis einer langfristigen Kundenbindung sein.

Eine langfristige Kundenbindung erreichen Sie aber nur, wenn sie auch richtig auf den reklamierenden Kunden mit seiner emotionalen Befindlichkeit reagieren.

Das lateinische Wort »clamare« kann man mit schimpfen oder schreien übersetzen. Das Reklamieren von »reclamare« könnte man also streng genommen als zurückschimpfen übersetzen. Der Kunde hat sich über etwas geärgert, das fehlende Teil, die unzureichende Gebrauchsanweisung oder den defekten Schalter.

Die Reklamations-Anti-Liste

Wenn Sie wollen, dass der Kunde garantiert zur Konkurrenz wechselt, dann:

- Erklären Sie sich für die Reklamation nicht zuständig. »Dafür sind wir nicht zuständig.«
- Belehren und schulmeistern Sie den Kunden.
- Schieben Sie immer dem Kunden die Schuld an der Reklamation zu. »Das haben Sie selbst zu verschulden.«
- Zweifeln Sie den Reklamationsgrund prinzipiell an. »Das hat es noch nie gegeben. Das kann ich mir nicht vorstellen. Da müssen Sie sich irren.«
- Seien Sie generell unfreundlich bei Reklamationen.
- Wenn Sie schon den Kunden nicht verantwortlich machen können, schieben Sie die Schuld auf andere (Kollegen, Zulieferer ...)
- Erklären Sie langatmig den Grund des Fehlers, ohne eine Lösung anzubieten.
- Bagatellisieren Sie das Problem des Kunden. »Na, so schlimm ist das ja auch wieder nicht. Jetzt stellen Sie sich mal nicht so an.«

Checkliste: Wichtige Punkte bei Reklamationen

- Gut zuhören
- Verständnis zeigen
- Ruhig bleiben
- Notizen machen
- Reklamationsgespräch unter vier Augen führen
- Kundenfreundliche Lösung bieten
- Zusagen sofort erledigen
- Kunden danken, dass er sich mit der Reklamation gemeldet hat
- Fehlerquelle identifizieren
- Fehlerquelle im eigenen Haus beheben
- Wiederholungsfehler vermeiden

Reklamationen als Chance

Reklamationen sind Chancen, eine positive Kundenbindung aufzubauen. Das können Sie dadurch unterstützen, dass Sie dem Kunden ausdrücklich für seine Reklamation danken. »Vielen Dank, dass Sie sich mit Ihrem Problem gemeldet haben und uns dadurch die Möglichkeit gegeben haben, Sie zufriedenzustellen. Ich freue mich auf eine weiterhin gute Zusammenarbeit.«

Die wenigsten Kunden, die zur Konkurrenz abwandern, kündigen das vorher an, so dass Sie eine Chance hätten, darauf zu reagieren. Meist ist der Kunde unzufrieden, ärgert sich und geht zu einem anderen Anbieter. Wenn diese Kunden nur reklamieren würden, so hätten Sie wenigstens die Möglichkeit, den Kunden zu halten.

Reklamationen

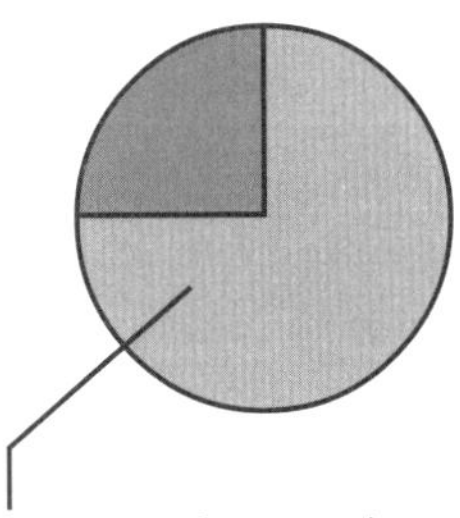

Von 75% der Kundenreklamationen erfahren Sie nichts.

Von über 75% der Reklamationen erfahren Sie nichts. Der unzufriedene Kunde kommt mit seinen Beschwerden nicht zu Ihnen, gibt aber seine negativen Eindrücke an Freunde, Bekannte und Geschäftspartner weiter. Seien Sie um jeden Kunden froh, der mit der Reklamation zu Ihnen kommt. Der reklamierende Kunde gibt Ihnen die Chance, besser zu werden.

Die Art, wie Sie mit Reklamationen umgehen, verbreitet sich in der Regel schnell. Wenn der Kunde eine negative Erfahrung gemacht hat, wird er das besonders schnell weitererzählen. Sie können ihn aber auch als positiven Multiplikator gewinnen, wenn Sie mit ihm eine zufriedenstellende Reklamationslösung erarbeitet und durchgeführt haben.

Positiv an den Reklamationen ist auch, dass Sie auf mögliche Mängel und Fehlerquellen hingewiesen werden. Nur über die Kunden, die mit der Reklamation zu Ihnen kommen, erfahren Sie etwas über Probleme mit dem Produkt, die erst bei der Benutzung auftreten.

Das Sanfte-Prinzip

Reklamierende Kunden sind oft wütend, aufgebracht, ärgerlich oder pauschalierend negativ. »Bei der Lieferung war alles sch...« »Nichts funktioniert in Ihrem Saftladen.« Eine falsche Reaktion Ihrerseits wäre zu sagen: »Das kann gar nicht sein.« »Jetzt regen Sie sich mal nicht so auf« oder »Ich brauche erst mal Ihre Kundennummer, vorher geht gar nichts.«

Nehmen Sie die Reklamation des Kunden immer ernst. Unabhängig davon, ob die Reklamation objektiv gerechtfertigt ist oder nicht, haben Sie es mit einem Kunden zu tun, der sich subjektiv über etwas geärgert hat und entsprechend emotional beteiligt ist.

Der Kunde ist aufgebracht und wütend. Er will erst mal seinen Frust abladen. Diesem »Dampfablassen« müssen Sie zuerst Raum geben, bevor Sie auf einer sachlichen Ebene das Problem mit dem Kunden lösen können. Bewährt hat sich in diesem Zusammenhang das sogenannte »Sanfte-Prinzip«, das in folgenden Schritten abläuft:

- Verständnis zeigen
- Reklamation klären
- Eventuell Selbstkritik üben
- Kundenfreundliche Lösung anbieten
- O.K. des Kunden einholen

Verständnis zeigen

Wenn der aufgebrachte Kunde auf Sie zukommt, zeigen Sie zuerst Verständnis. Hören Sie dem Kunden erst einmal zu. Lassen Sie ihn ausreden. Versuchen Sie, ihn nicht mit Fragen nach der Kundennummer, Quittung oder Gerätebezeichnung zu unterbrechen. Das können Sie alles später noch klären, wenn der Kunde für solche Fragen zugänglicher geworden ist. Mögliche Formulierungen sind: »Ich verstehe, dass Sie verärgert sind ...« oder »Da wäre ich an Ihrer Stelle aber auch ärgerlich ...«

Wenn Sie die Situation vorschnell beurteilen, besteht die Gefahr dem Kunden die Schuld zuzuschieben. »Da haben Sie wahrscheinlich die Gebrauchsanweisung nicht richtig gelesen.«

Versuchen Sie das Reklamationsgespräch unter vier Augen zu führen. Vermeiden Sie, dass eine Traube Kunden um Sie herumsteht, während der Kunde auf Sie einschimpft. Bitten Sie den Kunden eventuell in einen anderen Raum, um die Punkte in aller Ruhe zu besprechen.

Reagieren Sie selbst nie unsachlich oder aggressiv. Das ist nicht nur ein Zeichen Ihrer Kundenfreundlichkeit, sondern schont auch Ihre Nerven. Versuchen Sie einmal bei Ihrem nächsten aggressiven Kunden besonders freundlich zu reagieren. Sie werden über die Wirkung staunen, nicht nur beim Kunden, auch bei sich selbst.

Das Sanfte-Prinzip

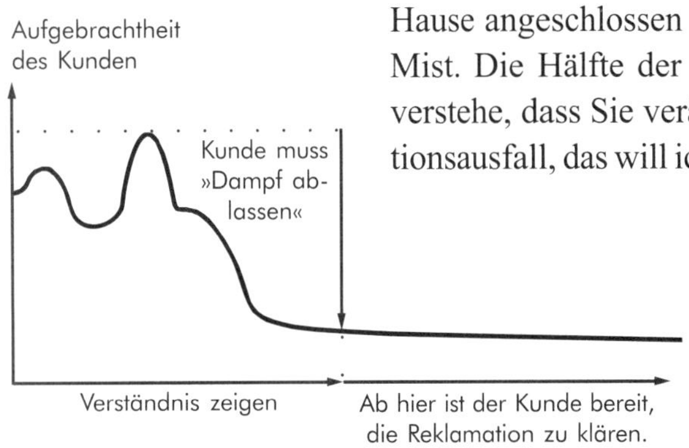

Ein Anruf von einem verärgerten Kunden: »Als ich das Gerät zu Hause angeschlossen habe, funktionierte nichts. Das ist alles totaler Mist. Die Hälfte der Teile fehlen.« Der Verkäufer antwortet: »Ich verstehe, dass Sie verärgert sind.« »Jetzt habe ich drei Tage Produktionsausfall, das will ich alles ersetzt bekommen.« Solange der Kunde sich noch in einem aufgebrachten Zustand befindet, kommen Sie auf der Sachebene nicht weiter. Äussern Sie Verständnis für seinen Ärger ohne ein Schuldeingeständnis. Nach einer Weile ist der Ärger des Kunden etwas abgeklungen.

Reklamation klären

Nachdem der Ärger des Kunden etwas verraucht ist, können Sie versuchen, den Reklamationsgrund zu klären. Um die Ernsthaftigkeit zu unterstreichen, können Sie sich in dieser Gesprächsphase Notizen machen. Damit geben Sie dem Kunden das Gefühl »ich nehme Ihre Reklamation ernst und wichtig«.

»Können Sie mir denn sagen, welche Teile genau fehlen?« Sie können zur Klärung der Reklamation übergehen. »Na ja, eigentlich nur das Anschlusskabel. Aber dadurch funktioniert nichts.«

Wenn sich bei der Ursachenklärung herausstellt, dass der Reklamationsgrund durch ein Versehen oder durch die Falschbedienung des Kunden entstanden ist, triumphieren Sie nicht. Besser ist es, dem Kunden die Gelegenheit zu geben, »sein Gesicht« zu wahren. Äußern Sie einfach, dass Sie froh sind, dass der Punkt geklärt werden konnte.

Eventuell Selbstkritik üben

Ist die Reklamation durch einen Fehler Ihrerseits entstanden, geben Sie diesen offen zu und entschuldigen Sie sich dafür.

»Da ist etwas schief gelaufen, das Kabel ist versehentlich nicht beigefügt worden.«

Schieben Sie die Schuld nicht auf einen konkreten Mitarbeiter oder Zulieferer. Damit erwecken Sie den Eindruck, dass Sie nicht die richtigen Mitarbeiter oder Geschäftspartner auswählen können. Den Kunden interessiert auch nicht, wer »schuld« ist, für ihn ist die Lösung des Problems wichtig.

Kundenfreundliche Lösung

»Ich mache Ihnen einen Vorschlag. Ich kümmere mich persönlich darum, dass noch heute vor 15:00 Uhr ein Anschlusskabel für Sie mit der Post rausgeht. Das müsste dann morgen früh bei Ihnen sein. Außerdem lege ich Ihnen noch eine Packung spezieller Reinigungstücher bei.«

Wie weit Sie dem Kunden entgegenkommen können, hängt von verschiedenen Faktoren ab. Von der Berechtigung des Reklamationsgrundes, von Ihrer Entscheidungsbefugnis, von der Wichtigkeit des Kunden oder vom Umfang des Auftrages. Aber bedenken Sie, auch kleine Kunden werden einmal große Kunden, und positiv bearbeitete Reklamationen festigen die Kundenbindung. Häufig ist es gar nicht nötig, »alles neu zu liefern« oder alles umzutauschen. Meist ist der Kunde mit einem Teilzugeständnis oder einer Zugabe sehr zufrieden.

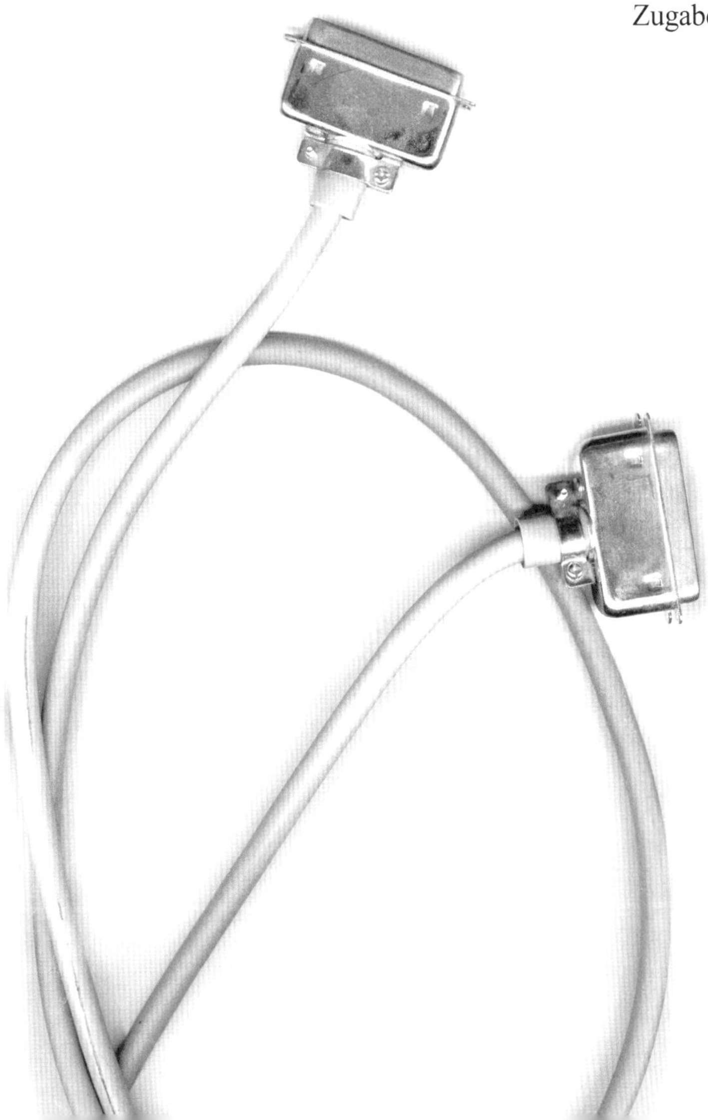

Dass Sie dann die Lösung, die Sie mit dem Kunden vereinbart haben, auch baldmöglichst in die Wege leiten und nicht auf die lange Bank schieben, ist selbstverständlich.

O.K. des Kunden einholen

Wenn Sie eine Lösung vorgeschlagen oder mit dem Kunden erarbeitet haben, holen Sie sich noch das O.K. des Kunden zu dieser Vorgehensweise.

»Wäre das eine zufriedenstellende Lösung für Sie?« »Na ja, einverstanden. Dann kann es morgen wenigstens gleich losgehen mit der neuen Maschine.« »Ich bin froh, dass wir eine gute Lösung gefunden haben. Ihnen noch einen guten Tag, Herr Freder.«

Wenn Sie dem Kunden etwas geschickt haben, können Sie sich nach ein paar Tagen erkundigen, ob er alles zu seiner Zufriedenheit erhalten hat.

11

Schlussverkauf

Hier können Sie teilnehmen

Kapitel 11

13 Schlussverkauf

Ich bitte um Ihr Feedback.

Liebe Leserinnen und Leser, ich begrüße Sie zum Schlussverkauf. Sie haben jetzt die Gelegenheit, aktiv und live bei einem kleinen »Buchfeedback« dabei zu sein. Ziel dieses »Schlussverkaufes« ist es, Ihre Zufriedenheit mit diesem Buch festzustellen. Ich möchte Ihre Anregungen aufnehmen und, wenn möglich, in den nächsten Auflagen umsetzen. Natürlich nehme ich auch Lob entgegen. Ich lade Sie ein, ein Feedback zu geben.

Auf der nächsten Seite finden Sie eine »Buch-Leser-Kunden-Befragung«. Bitte schreiben Sie Ihre Anregungen in die Kästchen neben den Fragen. Ich danke Ihnen recht herzlich für Ihre Beteiligung. Bitte kopieren Sie die von Ihnen bearbeiteten Seiten und schicken Sie diese an die im Einband aufgeführte Verlagsadresse. Sie können Ihre Arbeitsergebnisse sowohl anonym als auch mit der Angabe Ihrer Adresse einsenden. Falls Sie Ihren Absender angeben, bekommen Sie ein kleines Dankeschön für Ihre Mühe von mir zugesandt. Nochmals vielen Dank für Ihre Beteiligung am »Schlussverkauf«. Ich wünsche Ihnen viel Spaß und Erfolg bei Ihren Verkaufsgesprächen.

Gert Schilling

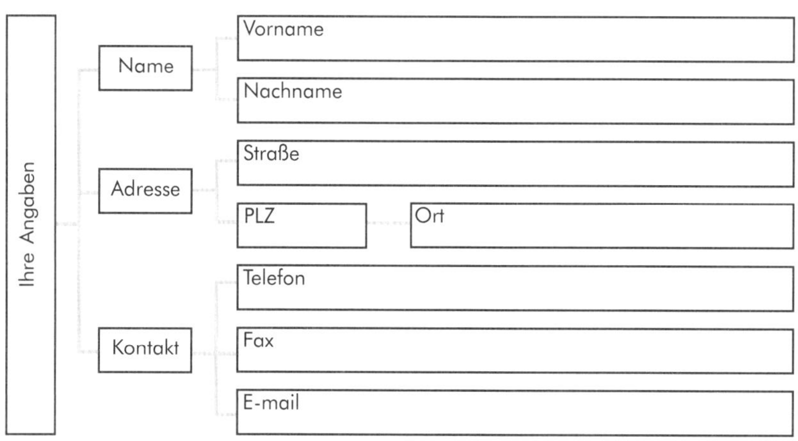

Was hat Ihnen gut gefallen?

Was sollte verbessert werden (wenn möglich mit konkreten Vorschlägen)?

Was ist zu ausführlich beschrieben?

Was sollte näher beschrieben oder als Thema aufgenommen werden?

Was möchten Sie noch anmerken?

12

Quellennachweis

Literaturtipps

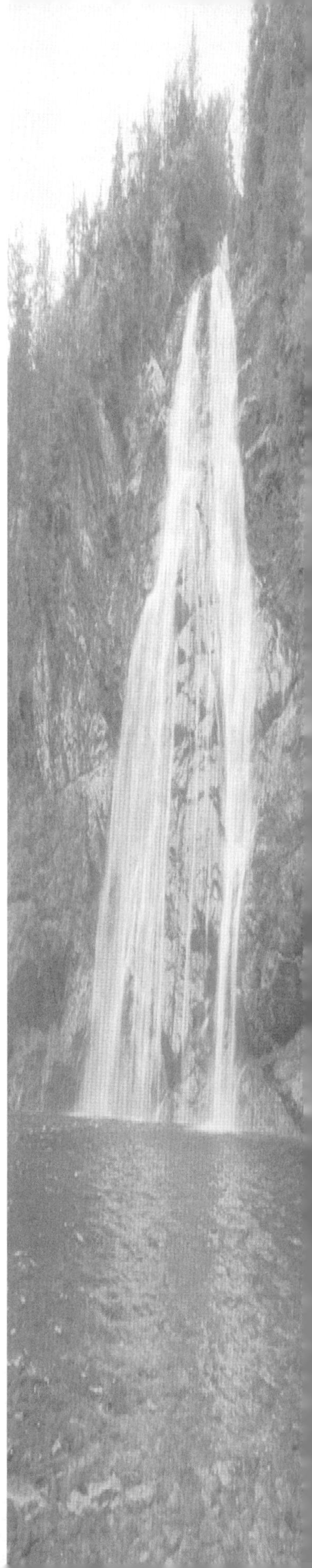

12 Quellennachweis

Zaiss C.D., Gordon T. / **Das Verkäuferseminar,** Psychologie des effektiven Verkaufens / Campus Verlag

Scheitlin V. / **Checklisten für den Verkauf,** Verhandlungskunst - Verkaufsorganisation - Verkaufsführung / Heyne Verlag

Franke, E. U. / **Durch Kundeneinwände mehr verkaufen** / Verlag moderne industrie

Thornton, V. J. / **Neue Kunden finden,** So entdecken Sie potentielle Zielgruppen und Interessenten / Wirtschaftsverlag Ueberreuter

Wage J. L. / **Gewinnend kommunizieren in Beratung und Verkauf** / Signum Verlag

Elwood N. C. / **Verkaufstraining,** Einführungskurs / Ueberreuter Verlag

Ebeling, P. / **Kundeneinwände sind Geschenke**

Wage J. L. / **Körpersprache. Erfolgsinstrument im Verkauf** / Signum Verlag

Wirth B. P. / **In sieben Tagen zum Spitzenverkäufer,** Erfolgreich verkaufen durch Ihre Persönlichkeit

Becker H. W. / **Verkaufen für Ingenieure und Techniker** / Vogel-Verlag

Schilling G. / **Angewandte Rhetorik und Präsentationstechnik**. Schilling Verlag

13

Stichwortverzeichnis

Hier finden Sie´s

13 Stichwortverzeichnis

A

B

C

D

E

F

G

H

I

J

K

L

M

N

O

P

Q

R

S

T

U

V

W

Z

SCHILLING | VERLAG

Serie »Praxisleitfaden«

Die Serie »Der Praxisleitfaden ...«

- Angewandte Rhetorik und Präsentationstechnik
- Präsentieren mit Laptop und Beamer
- Verkaufstraining
- Zeitmanagement
- Projektmanagement
- Moderation von Gruppen

Lebendiger, anschaulicher Schreibstil

Übersichtlich gegliedert

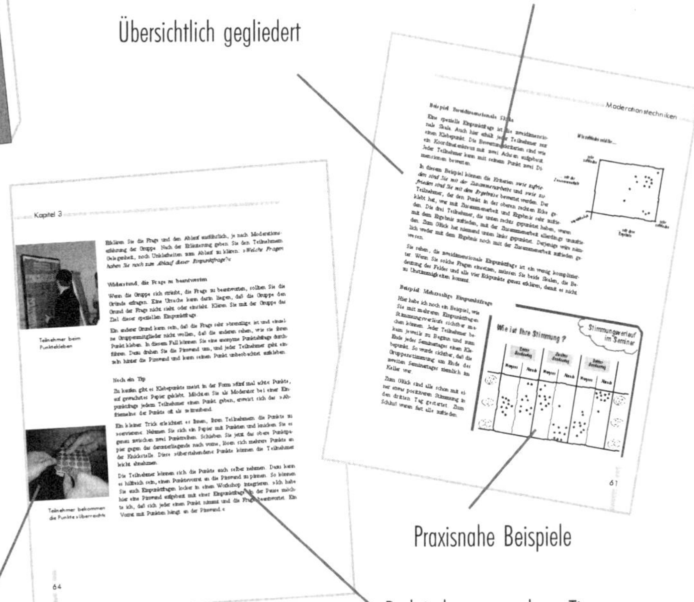

Praxisnahe Beispiele

Praktische, umsetzbare Tipps

Zahlreiche Abbildungen und Bilder

Die Serie »Der Praxisleitfaden ...« zeichnet sich durch einen lebendigen, beispielhaften und praxisnahen Schreibstil aus. Die Themen sind systematisch und überschaubar gegliedert. Alle Inhalte werden durch zahlreiche Bilder, Grafiken und Illustrationen verdeutlicht.

Es macht Spass zu lesen.

Buch

Angewandte Rhetorik und Präsentationstechnik

Der Praxisleitfaden für Vortrag und Präsentation

Wollen Sie Ihre Vortragsqualität verbessern? Wollen Sie zielgerichtet präsentieren und teilnehmerbezogen vortragen? Wollen Sie die Aufmerksamkeit Ihrer Teilnehmer wecken und als Referent in Erinnerung bleiben? Wollen Sie Medien sinnvoll einsetzen und Zahlen in überschaubaren Graphiken darstellen? Wollen Sie mit schwierigen Situationen und schwierigen Teilnehmern besser umgehen? Wollen Sie mit Ihrer Präsentation die Teilnehmer überzeugen? Wollen Sie eine Diskussion anregen, leiten und beenden können? Mit diesem Buch erhalten Sie eine systematische Beschreibung der Vortrags- und Präsentationstechniken mit Tipps für Ihre Präsentationspraxis.

Zum Buch im Internet: www.schilling-verlag.de
Cartoons zum Thema Vortrag und Präsentation

Gert Schilling / 21x25 cm / 145 Seiten / zahlreiche Abbildungen /
ISBN 978-3-930816-58-3

OH Zeiger

Overhead-Zeigestäbe

Overhead-Zeigestab »Hand«

Material: Plexi farbig/ fluoreszierend / durchscheinend
Maße: ca. 17 cm lang / 3 mm dick - Farbe: rot
Inklusive zwölfseitigem Heft »So setzen Sie den Overhead-Zeigestab wirkungsvoll ein« und »Tipps zur Foliengestaltung«

Buch

Präsentieren mit Laptop und Beamer

Der Praxisleitfaden für Ihre wirkungsvolle Präsentation mit Laptop, PC und Beamer

Präsentationen mit Laptop und Beamer werden häufig als langweilig erlebt. Und sind es auch, wenn ein ödes Textchart dem anderen folgt. Wirkungsvoll eingesetzt bieten Laptop, Beamer und Co. viele Chancen spannend zu präsentieren. Erleben Sie die Möglichkeiten von »Schließ die Aufmerksamkeits-Schere« über »Schwarz ist auch eine schöne Farbe«, »Chart, du bist nicht allein« und »Dramaturgie der Erscheinung« bis »Weg mit dem Fliegendreck«.

Mit diesem Buch erhalten Sie eine systematische Beschreibung von Methoden, Techniken und Praxis-Tipps, die Sie dabei unterstützen Ihre Beamer-Präsentation interessant zu gestalten.

Aus dem Inhalt: Aufbau und Dramaturgie von Charts, Logik der Foliengestaltung und des Folienablaufs, Gestaltungstipps, gezielter Einsatz von Effekten und Animationen, Techniktipps, Besonderheiten der Körpersprache bei Beamer-Präsentationen, Notfallmedien

Zum Buch im Internet: www.schilling-verlag.de
Online-Workshop Präsentation, Beispielpräsentationen

Gert Schilling / 21x25 cm / 147 Seiten / zahlreiche Abbildungen /
ISBN 978-3-930816-64-4

Buch

Verkaufstraining

Der Praxisleitfaden für das beratende Verkaufsgespräch

Mit diesem Buch erhalten Sie eine systematische Beschreibung der Verkaufstechniken für das beratende Verkaufsgespräch.

Aus dem Inhalt: Verkaufsphilosophie, die optimale Vorbereitung, so schaffen Sie ein positives Gesprächsklima, durch die richtige Fragetechnik die Kundenbedürfnisse erfahren, Nutzen und Vorteile überzeugend präsentieren, Kundeneinwände durch Einwandbehandlung auflösen, sichere Preisnennung und Preisverhandlung, erfolgreicher Verkaufsabschluss, langfristige Kundenbindung.

Zum Buch im Internet: www.schilling-verlag.de
Checklisten, Formulare, Vorlagen und Cartoons zum Thema Verkaufstraining

Gert Schilling / 21x25 cm / 149 Seiten / zahlreiche Abbildungen /
ISBN 978-3-930816-61-3

Buch

Projektmanagement

Der Praxisleitfaden für die erfolgreiche Durchführung von kleinen und mittleren Projekten

Mit diesem Buch erhalten Sie eine systematische Beschreibung der Projektmanagementmethoden, die Sie für kleine bis mittlere Projekte einsetzen können. Die einzelnen Techniken werden anhand von interessanten Praxisbeispielen erläutert.

Aus dem Inhalt: Projektdefinition, Projektorganisation, Projektphasenmodell, erfolgreicher Umgang mit allen Projektbeteiligten, effiziente Zielfindung und -erreichung. Projektplanung mit Planungsmethoden wie Meilensteinplan, Balkendiagramm, Netzplan, Ablaufplan, Strukturplan, Ressourcenplanung, Kapazitätsplan, Kostenkalkulation und Kostenplan, wirksame Projektsteuerung, Stichtagkontrolle, Trendanalyse, Problemlösungstechniken, Entscheidungstechniken, Informationsermittlung, Projektmeetings, praktische Projektbeispiele.

Zum Buch im Internet: www.schilling-verlag.de
Online-Workshop Projektmanagement, Checklisten, Formulare, Vorlagen, Beispielpläne

Gert Schilling / 21x25 cm / 149 Seiten / zahlreiche Abbildungen / ISBN 978-3-930816-60-6

Buch

Zeitmanagement

Der Praxisleitfaden für Ihr persönliches Zeitmanagement

Mit diesem Buch erhalten Sie eine systematische Beschreibung der Zeitmanagementmethoden, die Sie für Ihr persönliches Zeitmanagement einsetzen können. Die einzelnen Zeitmanagement-Methoden und -Ideen werden anhand von interessanten Praxisbeispielen erläutert. Nützliche Anregungen und Tipps erleichtern Ihnen die positive Veränderung Ihres Zeitmanagements.

Aus dem Inhalt: Was ist Zeitmanagement?, eigene Ziele formulieren, Prioritäten setzen, effizient handeln, sinnvolle Zeitplanung, Einsatz eines Zeitplanbuchs, die »Zeitfresser« fassen und viele Umsetzungstipps.

Zum Buch im Internet: www.schilling-verlag.de
Online-Workshop Zeitmanagement, Checklisten, Formulare, Vorlagen zum Thema Zeitmanagement, Zeitplanbuch-Formulare und -Pläne

Gert Schilling/ 21x25 cm / 143 Seiten / zahlreiche Bilder / ISBN 978-3-930816-62-0

Moderation von Gruppen

Der Praxisleitfaden für die Moderation von Gruppen, die gemeinsam arbeiten, lernen, Ideen sammeln, Lösungen finden und entscheiden wollen

Mit diesem Buch erhalten Sie eine systematische Beschreibung der Moderationsmethoden. Die einzelnen Moderationselemente werden anhand von interessanten Praxisbeispielen erläutert.

Aus dem Inhalt: Fragetechnik, Kartenfrage, Einpunktfrage, Mehrpunktfrage, Strukturieren, Überschriften bilden, Moderationen vorbereiten, Moderationstechniken, Beispielabläufe, Pinwandeinsatz, Gestaltungstipps, die Rolle des Moderators, Praxistipps.

Gert Schilling / 21x25 cm / 167 Seiten / zahlreiche Abbildungen / ISBN 978-3-930816-59-0

Moderations-Schreibunterlage

Das praktische Untensil für Ihre Moderation. Mit der Moderations-Schreibunterlage haben Sie Ihren »Tisch« in der Hand und können sauber schreiben.

Moderations-Schreibunterlage / Holz / 21x10 cm / 1,-Euro

Zum Buch im Internet: www.schilling-verlag.de
Online-Workshop Moderation,
Online-Workshop Moderations-Schrift,
Cartoons und Videos zum Thema Moderation

Moderations-CD

Moderation von Gruppen (Multimediale CD-ROM)

Mit dieser CD erhalten Sie einen multimedialen Selbstlern-Workshop zum Thema Moderation. Alle Inhalte werden durch Bilder, Videosequenzen, Praxisbeispiele und ausführliche Texte unterstützt. Inhalte: Was ist Moderation?, Moderationstechnik, Vorbereitung einer Moderation, Gestaltungstipps, Beispielmoderationen, Rolle des Moderators, Tipps zum Thema Moderation.

In über 60 Minuten Videomaterial können Sie die Moderationstechniken an Praxisbeispielen anschaulich miterleben.

Gert Schilling / ISBN 978-3-930816-65-1

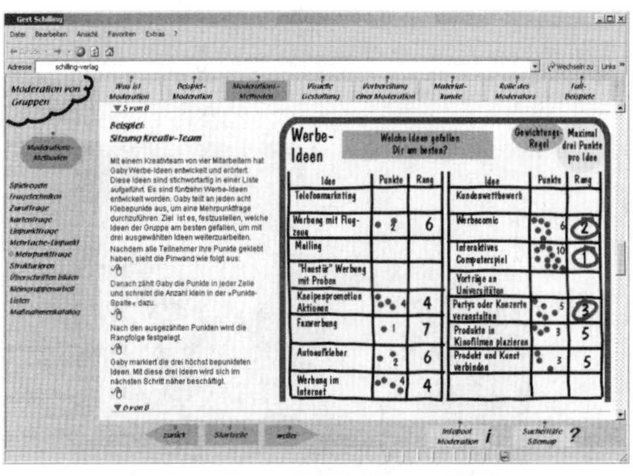

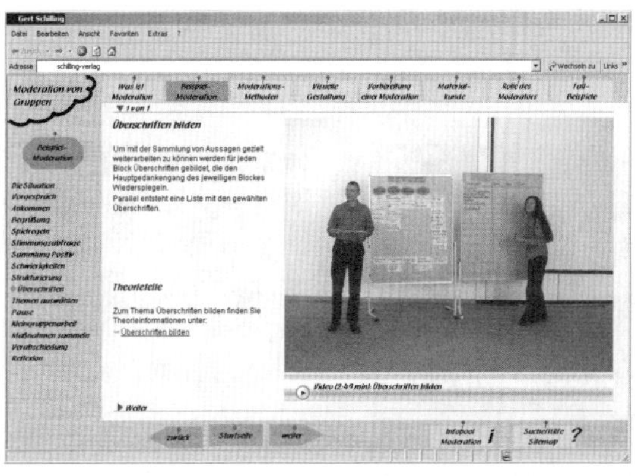

Seminar-Spiele

Kennenlernspiele, Auflockerungsspiele, Feedbackspiele und Interaktionsspiele

Mit diesem Buch erhalten Sie eine systematische Beschreibung von Seminar-Spielen, die sich in der Seminarpraxis bewährt haben. Die einzelnen Spiele sind ausführlich beschrieben, so dass Sie sie problemlos anwenden können. Es sind einige sehr interessante und lebendige Spiele enthalten, bei denen Sie Ihre Seminar-Jonglier-Bälle einsetzen können. Zu jedem Spiel erhalten Sie Hinweise für die Reflexionsphase, damit Sie die Spiele gemeinsam mit Ihren Teilnehmern gezielt auswerten können.

Entscheidend ist, dass die Spiele sinnvoll in den Seminarablauf integriert werden. Das Buch gibt Tipps, welche Spiele zu speziellen Seminarinhalten passen.

Zum Buch »Seminar-Spiele« erhalten Sie drei hochwertige Seminar-Jonglier-Bälle (Beanbag-Soft/70mm/130gr.)

Welches Spiel passt zu welchem Seminar? Anhaltspunkte finden Sie im Buch in einer »Spiele-Einsatzmatrix«. Als Themen stehen zur Auswahl:

✚ Führen ✚ Verkauf/Verhandeln ✚ Gruppendynamik ✚ Kommunikation ✚ Konflikt ✚ Train the Trainer ✚ Projektmanagement ✚ Zeitmanagement ✚ Präsentation ✚ Teamentwicklung ✚ Kreativitätstechnik ✚ Qualitätsmanagement

Zum Buch im Internet: www.schilling-verlag.de
Online-Workshop Seminarspiele, Kopiervorlagen zu den Spielen

Gert Schilling / 28x19 cm / 133 Seiten / zahlreiche Bilder / ! inclusive 3 Seminar-Jonglier-Bälle / (Buch auch ohne Bälle) /
ISBN 978-3-930816-63-7

Lern-Utensilien

Seminar-Jonglier-Bälle

Hochwertige Seminar-Jonglier-Bälle zum Einsatz in Ihrer Seminarpraxis oder einfach zum Jonglieren.
Bälle: Beanbag-Soft / 70mm Durchmesser / 130 Gramm / strapazierfähig
Farben: rot/pink/grün/violett/blau/orange/gelb - Farbkombinationen: farbig mit schwarz

Koosh-Bälle

Die weichen, federleichten Koosh Bälle sind gut zu greifen und vielseitig verwendbar. Verschiedene marmorierte Farben. Durchmesser ca. 9 cm

Seminar-Jonglier-Teller

Hochwertige Seminar-Jonglier-Teller zum Einsatz in Ihrer Seminarpraxis oder einfach zum Jonglieren.
Jonglierteller: 24cm Durchmesser / incl. Stab
Farben: gelb / rot / grün

Großer Seminar-Schaumstoff-Würfel

für Ihre Seminar-Würfelaktionen. Hochwertige Schaumstoffwürfel für den Seminareinsatz.
PU-Schaumstoff - Würfelfarbe: rot - Deutlich ausgefräste Würfelaugen in gelb - Größe: 16 x 16 cm

Buch

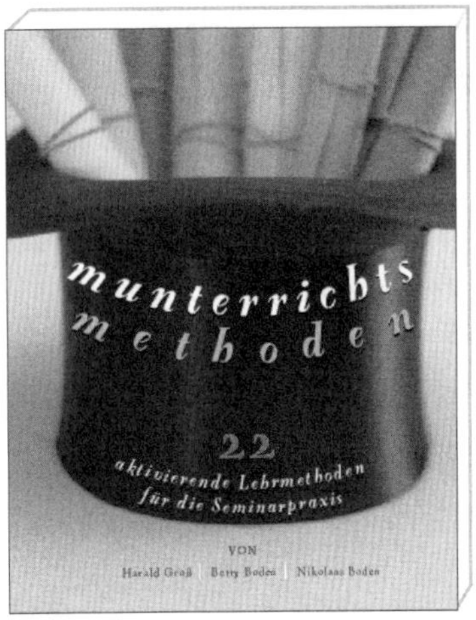

Munterrichtsmethoden

22 aktivierende Lehrmethoden für die Seminarpraxis

von Harald Groß, Betty Boden und Nikolaas Boden

Sie leiten Seminare und sind Experte für Wirtschaftsrecht, PowerPoint, Ernährungslehre oder ein anderes Spezialthema, das für Ihre Teilnehmer spannend oder manchmal auch ein notwendiges Übel sein kann. Als Fachmann oder Fachfrau in der beruflichen Aus-, Fort- oder Weiterbildung wollen Sie Ihr Know-how noch effektiver vermitteln. »Wie kann ich das Interesse der Lernenden wecken und aufrechterhalten?«, fragen Sie sich: »Und wie leite ich die Teilnehmer an zum Problemlösen, Durcharbeiten, Üben, Wiederholen und Anwenden - auf eine Weise, die ihnen Spaß macht und möglichst leicht fällt?«

Diese Methodensammlung richtet sich an Dozenten, Trainer und Hochschullehrer. Sie beschreibt 22 Lehrmethoden für die Erwachsenenbildung, die sich in der Praxis besonders bewährt haben. Zum Beispiel die »Tempo-Thesen-Runde«, das »Brillenträgervotum« oder das »Feierabendkino«.

Der Band lädt Sie zum Stöbern ein. Suchen Sie nach neuen Ideen für den Seminaralltag oder nach der passenden Methode für Ihre konkrete Unterrichtssituation. Wir wollen Ihnen Appetit auf leicht verdauliche Lehrmethoden machen und Sie zum munteren Ausprobieren verführen.

Harald Groß, Betty Boden und Nikolaas Boden/
21 x 25 cm / Hardcover / 164 Seiten /
ISBN 978-3-930816-18-7

Buch

Von Kopf bis Fuß auf Lernen eingestellt

Ein munteres Lernhandbuch

von Harald Groß, Nikolaas Boden und Betty Boden

Sie lernen englische Vokabeln, Finanzbuchhaltung oder Sie arbeiten sich in ein neues Fachgebiet ein und suchen nach dem passenden Lernweg. »Wo und wie soll ich anfangen?«, fragen Sie sich »Wie kann ich schnell und angenehm möglichst viel lernen?«.

Dieses Lernhandbuch richtet sich an Lernende in Schule, Ausbildung, Studium und Beruf. Es stellt vielfältige Lernwege und praktische Lernmethoden vor, aus denen Sie die jeweils geeignete Strategie für sich auswählen und anpassen können. Zahlreiche interessante Experimente laden zum Ausprobieren ein.

Und weil für erfolgreiches Lernen mehr nötig ist als nur »Köpfchen«, werden Sie von Kopf bis Fuß angesprochen und gefordert.

Harald Groß, Nikolaas Boden
und Betty Boden /
21 x 25 cm / 149 Seiten /
mit Illustrationen von
Nikolaas Boden /
ISBN 978-3-930816-17-0

Buch

Einfach Coaching

Das Praxisbuch für Führungskräfte, Projektleiter und Personalverantwortliche

von Thomas A. Knappe / Jürgen Straßburg

»Einfach Coaching« ist ein Buch aus der Praxis für diejenigen in der Praxis, die sich – in welcher führenden Rolle auch immer – dem Thema Coaching nähern möchten. In »Einfach Coaching« sind Sie aufgefordert, sich mit dem Thema Führung und Coaching, von der Strukturierung des Coachings über Coaching-Werkzeuge bis hin zu den Besonderheiten Ihrer Coach-Rolle intensiv und praxisnah zu beschäftigen. »Einfach Coaching« kann darüber hinaus Coaching-Seminare oder -Workshops begleiten oder ergänzen.

Fallbeispiele, Übungen, Tipps und Tricks, Checklisten und Fragebögen zur Selbsteinschätzung führen in das Thema ein, vertiefen es und bieten Gelegenheit zur Reflexion.

Thomas A. Knappe / Jürgen Straßburg / 21x25 cm / 168 Seiten /zahlreiche Abbildungen /
ISBN 978-3-930816-19-4